LK 3038

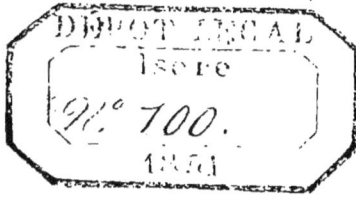
NOTICE

SUR

L'ÉGLISE DE SAINT-ANDRÉ

DE GRENOBLE,

PAR

J.-J.-A. PILOT.

GRENOBLE,

IMPRIMERIE DE MAISONVILLE, RUE DU PALAIS.

1851.

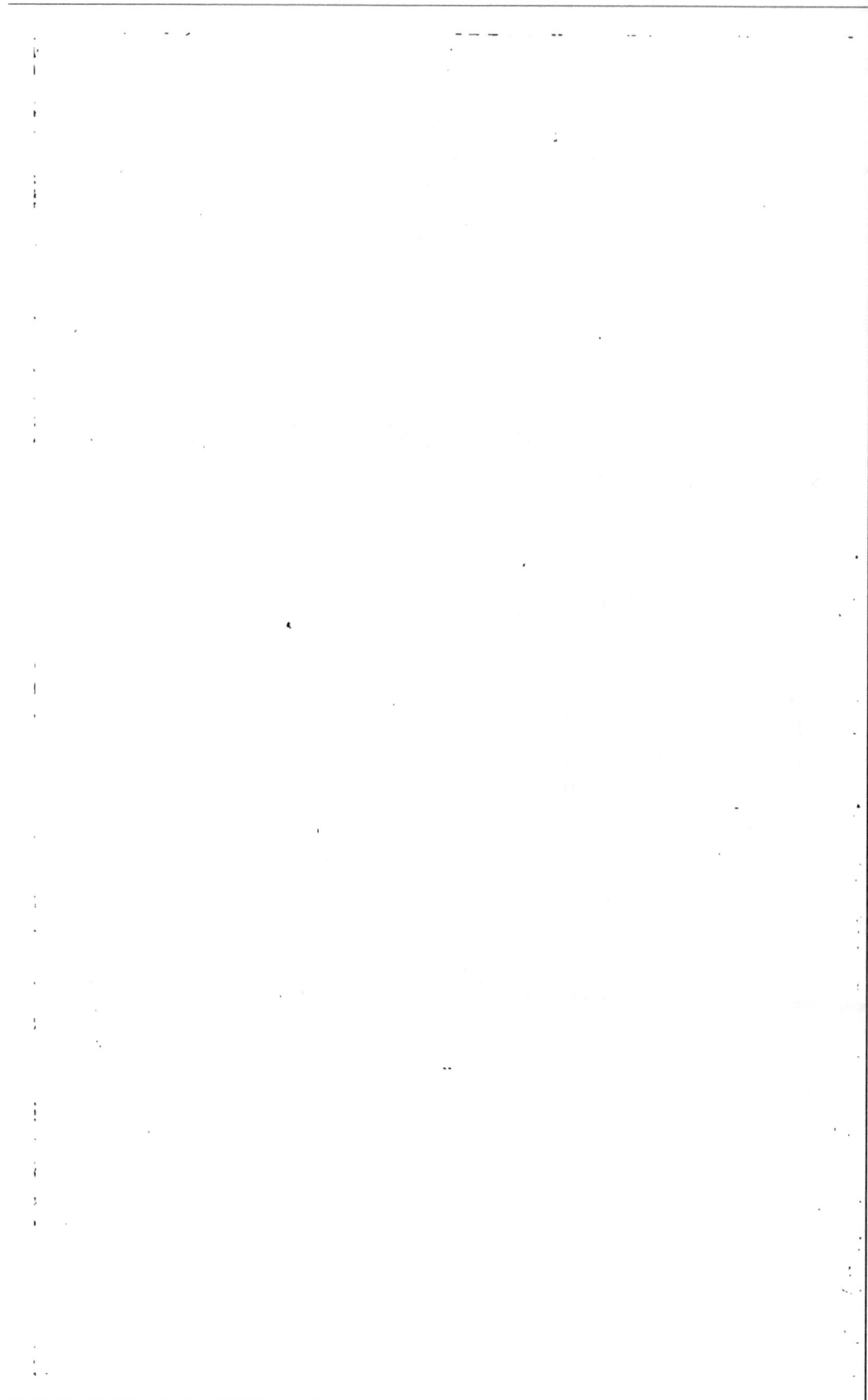

NOTICE

SUR

L'ÉGLISE DE SAINT-ANDRÉ

DE GRENOBLE.

L'église de Saint-André a été fondée par le dauphin Guigues-André qui lui donna son nom, et qui, en 1227, y transféra le prévôt et le chapitre qu'il avait établis une année auparavant à Champagnier, près de Vizille (1). L'époque précise de la fondation de cette église n'est point connue ; on la fixe vers 1220. Toujours est-il qu'il en est fait mention dans un acte daté du 7 des calendes de décembre 1224, qui constate qu'elle était contiguë à l'église paroissiale de Saint-Jean, et qu'elle dépendait, comme elle, du prieuré ou monastère de Saint-Martin de Miseré, près de Montbonnot, dont Eustache était alors prieur.

Le dauphin, qui désirait avoir dans cette église, voisine de son palais, le chapitre qu'il venait de créer à Champagnier, la demanda la même an-

---

(1) Le chapitre consistait en 13 chanoines y compris le prévôt.

née au prieur Eustache et à ses moines ; ceux-ci consentirent à la demande du prince. L'évêque et les chanoines de la cathédrale donnèrent aussi leur agrément soit à la rétrocession de l'église, faite au dauphin, soit à la translation du chapitre ; il y eut, à cet effet, un acte passé à Grenoble, en 1226, dans l'église du prieuré de Saint-Pierre (1), hors de la porte Traîne (2). Il fut stipulé, dans l'acte, que le dauphin établirait dans la nouvelle église le chapitre de Champagnier, qui pourrait construire pour son utilité un cimetière particulier, au préjudice de celui de la paroisse de Saint-Jean (3).

Ce chapitre fut transféré de Champagnier à Grenoble le 1er février 1227.

Le dauphin fit de l'église de Saint-André sa chapelle particulière, sous le titre de Chapelle delphinale. Il lui accorda divers priviléges ; il lui assura surtout des revenus, et, par un acte du 1er décembre 1231, il lui donna en toute justice, *avec les possessions, hommes et tailles, fiefs et hommages,* toute la partie de la paroisse de Saint-Martin-le-Vinoux qu'il possédait *en parérie* avec l'évêque. Il lui confirma, en même temps, l'entier abandon qu'il avait fait de la seigneurie et

---

(1) Cette église, mentionnée dans une reconnaissance dès la fin du XIe siècle, passée en faveur de l'évêché de Grenoble, était située à côté du *Breuil*, aujourd'hui place Grenette, et proche de l'endroit où fut bâti, en 1288, le couvent des frères prêcheurs ou dominicains.

(2) Dite aussi, à une époque plus ancienne, porte Romaine ou Jovienne, située sur la place Grenette, à l'entrée de la Grand'Rue.

(3) Le cimetière et l'église paroissiale de St-Jean, détruits en 1562, occupaient toute la partie de la place actuelle de St-André qui s'étend au-devant du palais de justice.

du domaine de Champagnier au chapitre de ce lieu, lors de sa création. La dauphine Béatrix, épouse du dauphin, se montra libérale aussi envers la même église, en lui faisant don des mas ou terres de Biviers et de Saint-Ismier, avec le domaine direct et *les hommes et les serfs* qui en dépendaient.

Guigues-André mourut en 1236. A cette époque, l'église de Saint-André n'était point encore terminée. On trouve dans le testament de ce prince, daté du 3 mars de cette année, qu'il légua, pour achever la fabrique de Saint-André ainsi que la fabrique des édifices y attenant, et pour les autres choses nécessaires à cette église (1), les revenus de sa mine d'argent de Brandes (2), pendant l'espace de trois ans, à partir des fêtes de Pâques prochaines, voulant et ordonnant que lesdits revenus, dans le cas où ils n'arriveraient point, pendant ces trois ans, à 30,000 sols (3),

---

(1) Item dedit et legavit ad perficiendam fabricam ecclesie S. Andree Gratianopolis et perficienda edificia, necnon et alia que ipsi ecclesie sunt necessaria. (Testamentum Guigonis-Andree, Dalphini viennensis.)

(2) Cette mine, connue sous le nom d'*argentaria de Brandis*, et qu'on trouve déjà exploitée en 1220, était située sur la paroisse d'Allemont ; sa valeur annuelle est fixée à 5,040 sols ou 252 livres, dans une reconnaissance des habitants de cette paroisse, de 1261. La même mine était encore en pleine exploitation en 1323 : un document postérieur, qui est un état des revenus de la terre de l'Oisans, en 1339, nous apprend que les *creux des mines* d'argent de *Brandes*, à cette époque, n'étaient plus exploités depuis peu, ayant été *gâtés* et fermés par les eaux.

(3) C'est-à-dire 1,500 livres, ou plus de 7,000 francs de notre monnaie : on voit par l'annotation qui précède, que 25 ans après la date du testament de Guigues-André, cette mine ne rendait guère plus que la moitié de l'évaluation portée dans ce testament. .

fussent complétés jusqu'à cette somme sur les autres revenus de son comté.

L'église de Saint-André, telle qu'elle a été bâtie par le dauphin Guigues-André, c'est-à-dire sans comprendre le bas-côté existant à gauche en entrant et la chapelle de Saint-Joseph au pied de ce bas-côté, présente la forme d'une croix latine rectangle. L'architecture de cette église date de la transition du roman au gothique. Le chœur, tourné vers Rome ou vers Jérusalem, suivant l'usage des premiers chrétiens, occupe la tête ou partie supérieure de la croix ; il est éclairé par six fenêtres longues et étroites ; deux sont placées sur chacune des deux faces latérales, les deux autres sont au fond du chœur. Une cinquième fenêtre, aujourd'hui murée et qui est masquée par un grand tableau représentant le martyre de saint André, était autrefois entre ces deux dernières fenêtres ; au-dessus est une ouverture en forme d'œil-de-bœuf. Une ouverture semblable et trois autres fenêtres existaient pareillement sur la façade principale, au pied de l'église, où était la porte d'entrée avant qu'on la transférât sur la place de Saint-André. Ces fenêtres, murées à l'intérieur, apparaissent encore au dehors, du côté du passage de l'hôtel de ville. Les deux fenêtres, aux deux extrémités des deux bras de la croix, une de chaque côté, sont à plein cintre ; les autres fenêtres, soit du chœur, soit de la nef et même celles qui restent sur la façade primitive, présentent une ogive naissante. Les ogives de la voûte, ainsi que celles des arceaux et des nervures, sont plus prononcées. Toute la partie ancienne de l'église est construite en briques. Un cordon extérieur règne autour de l'édifice ; il est formé de petits arceaux en saillie, portés sur des corbeaux en pierre.

La tour carrée du clocher, élevée de 30 mètres
32 centimètres au-dessus du sol, est également
construite en briques ; elle a, sur chaque face,
au niveau de la plate-forme, 10 mètres 39 centimètres de large ; elle est surmontée d'une flèche
en tuf, cantonnée de quatre petits clochers aussi
en tuf. Ce dernier ouvrage est d'une époque bien
postérieure à celle de la construction de la tour.
La flèche du clocher et les petits clochers percés
de fenêtres à ogives et à meneaux, et ornés de
guivres et de têtes monstrueuses, n'ont été
commencés qu'en 1298.

La longueur totale de l'église à l'intérieur, en
y comprenant le chœur qui, lui-même, a 9 mètres 68 centimètres de long, est de 38 mètres 82
centimètres ; la largeur de la nef, comme celle
du chœur, est de 11 mètres 73 centimètres. La
traverse de la croix que forme l'église, offre une
longueur de 27 mètres 56 centimètres, sur une
largeur seulement de 6 mètres 80 centimètres.
L'élévation de la voûte de l'église est de 16 mètres 35 centimètres.

Nous avons dit que la partie ancienne de l'é-
glise est en briques. Le bas-côté qu'on y a ajouté,
et qui fait face à la place de Saint-André, où se
trouve la porte d'entrée actuelle, est en pierre ; il
paraît avoir été construit dans le XVe siècle. Il est
entièrement d'architecture gothique. Sur cette
façade est aujourd'hui le portail, morceau curieux
par son assemblage de roman et de gothique de
la dernière époque. Cet assemblage ou mélange,
qui étonne au premier abord, s'explique facilement à la seule inspection des lieux. Les assises
de pierre qui forment le portail roman, consis-
tant en deux groupes de colonnettes surmontées
d'un plein cintre, sont complètement détachées
et distinctes des assises de pierre du portail go-

thique. Ce sont là deux ouvrages de deux époques différentes, de deux espèces de pierres différentes, de deux styles différents, et qui sont simplement rapprochés l'un de l'autre, c'est-à-dire que l'ancien portail, d'architecture romane ou byzantine, qui était au pied de l'église, a été transporté sur ce point, et qu'à l'époque de ce transfert, on a joint au portail primitif un nouveau portail gothique, dans le goût du temps, et accompagné de deux niches latérales, de rinceaux et de fleurons (1).

Sur la même façade, restent des traces d'une grande fenêtre à ogive, actuellement murée, et qui éclairait la chapelle de St-Joseph. Une autre fenêtre à ogive, plus petite, avec son meneau et ses ornements à jour, existe de l'autre côté du portail. Le linteau du portail roman, surmonté d'un cintre, est supporté par deux têtes de faune; il était anciennement enrichi de peintures sur un fond d'or, dont il reste encore quelques légères traces, et qui représentaient une cène.

Guigues–André, à qui cette église doit sa fondation ; Pierre II, dit del Aquâ, évêque de Grenoble, décédé en 1248 ; Guigues VII, fils et successeur de Guigues–André ; Jean II, Henri dauphin son frère, et les dauphins Guigues VIII et Humbert II ont tous laissé, dans leur testament, des legs en faveur de cette église, savoir :

Guigues-André, en 1236, cent marcs d'argent (2)

_____

(1) Le pilier à gauche du portail gothique est orné, au-dessous du toit, d'un écusson à trois casques, armes de l'ancienne famille Armuet. Antoine Armuet était prévôt de St-André en 1469; il est probable que le portail aura été construit de son temps, et que pour conserver le souvenir de cette construction, on aura placé, dans un endroit apparent du portail, les armes du prévôt.

(2) Environ 9,000 fr. de notre monnaie.

pour la construction d'un autel dédié à la sainte Vierge, ainsi que pour la célébration d'un anniversaire et pour les autres choses nécessaires à l'église (1);

L'évêque Pierre, en 1248, vingt sols viennois de rente (2) pour un anniversaire; cette rente était à prendre sur les drapiers de Grenoble qui occupaient les *banques* de la place de *Mal-Conseil*;

Guigues VII, en 1267, trente livres pour un anniversaire et cent marcs d'argent, voulant que les revenus de ces cent marcs fussent assignés à deux prêtres chargés de célébrer dans cette église un service pour le repos de son âme et de celles de ses parents; voulant également que les intentions de son père, de sa mère, de sa tante (la princesse Marguerite, fille du comte de Savoie, femme du marquis de Montferrat), et de son aïeule, la dauphine Béatrix, femme du duc de Bourgogne, lesquelles intentions il n'avait point encore complétement remplies, le fussent entièrement et pleinement par son héritier;

Jean II, en 1318, deux cents livres viennoises de rente ou 4,000 livres une fois payées, affectées à la célébration de messes et de services pour le repos de son âme, et cela, suivant que le jugerait convenable son frère Henri, tuteur de ses enfants;

---

(1) Avant ce prince, la dauphine Béatrix, sa mère, duchesse de Bourgogne, avait déjà légué par son testament du mois de décembre 1228 dix sols de rente pour un anniversaire. (*Testamentum dom. B., duchisse Burgundie et Vienn., Albonis comitisse.)*

(2) De 14 à 15 francs environ de notre monnaie.
L'usage de fixer l'intérêt au cinq pour cent ou au vingtième de la somme capitale est fort ancien. On pourrait citer des actes du IXe siècle où cette base est déjà suivie.

Henri, dauphin, en 1328, cent sols de gros tournois (1) une fois payés, afin de dire des messes à perpétuité pour le repos de son âme ;

Guigues VIII, en 1333, deux cents livres de rente pour la création de quinze chapelains attachés à cette église, et chargés de dire ou de faire dire, chacun d'eux, une messe quotidienne pour le repos des âmes de lui fondateur et des siens ;

Humbert II, en 1355, deux mille florins, équivalant à plus de vingt-deux mille francs de notre monnaie.

D'autres fondations furent faites dans la même église par divers particuliers. Nous citerons les principales. Charles de Bouville et Enguerrand d'Eudin, tous les deux gouverneurs du Dauphiné, décédés, le premier, en 1385, et le second, en 1391, et tous les deux enterrés dans l'église de Saint-André, ont fondé l'un et l'autre une messe quotidienne : ce dernier légua de plus aux chanoines le fief du Châtelet qu'il possédait près de Grenoble (2), et que le roi Charles VI, dauphin de Viennois, lui permit de donner au chapitre de Saint-André par des lettres-patentes du 28 février 1390. Nicolas Erland, trésorier général du Dauphiné, fonda également, le 18 novembre 1439, une messe quotidienne et perpétuelle dans cette église, en une chapelle qu'il y fit bâtir et où il fut enterré.

---

(1) Ou cent sols gros, monnaie de compte, valant cent florins.

(2) Il l'avait acheté depuis peu de Guillaume Surrel, notaire à Grenoble, à qui il avait été vendu le 23 décembre 1387 par le receveur général du Dauphiné, au prix de 200 florins d'or, et il l'avait agrandi par diverses acquisitions faites d'autres particuliers. La même maison du Châtelet avait appartenu à Lentelme Enard, seigneur de Chalençon, qui l'avait reconnu tenir du dauphin, le 14 février 1312.

Le chanoine Jean Bonthoil ou Bonthoux, et
Antoine Vallier, docteur en droit, firent une
semblable fondation en 1442 et en 1463, ainsi
que le constate la mention de leurs inscriptions
tumulaires. L'épitaphe de Jean Bonthoux existe
encore ; elle se lit sur une tablette en pierre qui,
avant 1839, était dans la chapelle du Saint-Sépulcre, aujourd'hui sous le vocable de la Sainte-
Vierge, et qui est actuellement énchâssée dans
le mur de la porte par où l'on va de cette chapelle au chœur de l'église. Cette tablette a 67
centimètres de large sur 43 centimètres de haut ;
les lettres y sont simplement tracées en couleur
noire et en caractères gothiques.

L'épitaphe, qui est en latin, peut être ainsi
traduite :

*Vénérable homme seigneur Jean Bonthoil,
chantre et chanoine de cette église, a fait faire
en mémoire du sépulcre de Notre-Seigneur et
en l'honneur de la bienheureuse Vierge-Marie,
cette chapelle et ce qu'elle contient ; il l'a fondée
et l'a dotée d'une messe qu'on doit y célébrer
chaque jour, à perpétuité, et d'un office de la
passion de Notre-Seigneur à y réciter le vendredi, solennellement et à haute voix, pour le
repos de son âme et de celles de ses parents, de ses
amis et de ses bienfaiteurs. Il a donné aussi à la
même chapelle un missel neuf* (**1**), *un calice en
argent et les ornements de l'autel nécessaires : et
ci gissent dans cette tombe lui-même et noble Béa-*

---

(1) A une époque où l'imprimerie n'était point connue,
le don d'un missel neuf était assez considérable pour
mériter d'être constaté, comme ayant même plus de prix
que le don d'un calice en argent.

trix de Molar (1) sa mère, pour lesquels ainsi
que pour leurs amis, se feront annuellement deux
anniversaires, également dotés, avec messe solennelle; l'un, le huitième jour d'août, et l'autre,
le quatorzième jour d'octobre. Que leurs âmes
reposent en paix!

Toutes ces choses furent accomplies l'an du
seigneur M.CCCC.XLII.

Priez pour eux (2).

---

(1) Un acte du 29 août 1397 relate le don d'une maison
dans la rue Porte-Traine de Grenoble, aujourd'hui la
Grand'Rue, fait au chapitre de St-André, par Alix ou
Alise d'Entremont, femme d'Amédée de Molar (de Molario), pour la construction d'une chapelle avec son
autel, dans cette église.

Pierre de Molar ou des Molars, notaire de Grenoble,
a été consul de cette ville en 1417.

Il est à présumer que la mère du chanoine Bonthoil ou
Bonthoux, mentionnée dans la présente épitaphe, était
de cette famille.

(2) *Hanc capellam et contenta in eadem fecit fieri
venerabilis vir dvs Johannes Bontholii, canonicvs et
cantor hvivs ecclesie in memoriam Dominici sepvlchri
et ad honorem beate Marie Virginis, eamqve fvndavit
et dotavit in remedivm animarvm ipsivs, parentvm,
amicorvm et benefactorvm svorvm de vna missa qva-
libet die perpetvo ibidem celebranda, et die veneris
solemniter, alta voce, de officio passionis Domini. Dedit
etiam eidem vnvm missale novvm, vnvm calicem ar-
genti et ornamenta altaris necessaria. Jacent qve hic
in tvmba ipse et nobilis Beatrisia de Molario mater sva,
pro qvibvs et amicis fient annvatim dvo anniversaria
ibidem dotata cvm solemni missa in die VII avgvsti
vnvm, die XIIII octobris alivd. Qvorvm anime reqvies-
cant in pace.*

*Completa fuerunt hec omnia, anno Domini
M.CCCC.XLII. Orate pro ipsis.*

Anciens Tombeaux

DES DAUPHINS.

Les dauphins Guigues-André, Jean II et Guigues VIII, et Hugues dauphin, baron de Faucigny, frère du dauphin Jean II, ont été enterrés dans leur chapelle delphinale. On ignore dans quelle partie de l'église reposent leurs cendres, et où étaient leurs tombeaux détruits par les protestants en 1562; on présume seulement que ces tombeaux devaient être placés dans le chœur. Ce qu'il y a de certain, c'est qu'ils étaient ornés de riches sculptures, et qu'ils étaient en marbre de Vizille, extrait des carrieres de Mezage (1).

Il paraît, par les inductions qu'on peut tirer d'un arrêté de compte du 27 février 1354 et d'une ordonnance du gouverneur du Dauphiné du 4 mars 1376, *pour faire payer le sculpteur en marbre qui avait travaillé les sépulcres et les mausolées sur les tombeaux des dauphins enterrés à Saint-André,* que ces tombeaux devaient représenter les statues couchées de ces princes avec leurs armures et leurs blasons (2).

(1) *Notice sur les anciens dauphins de Viennois ; revue du Dauphiné, tome VI.* Nous avons cité dans cette notice deux extraits de comptes de châtelains qui établissent que les pierres des tombeaux des dauphins, dans l'église de St-André, provenaient des carrières de Mézage, et qui constatent que les comtes de Savoie ont fait extraire eux-mêmes, de ce lieu, des marbres pour servir à leurs tombeaux et à leurs monuments dans l'église de Haute-Combe.

(2) Archives de l'ancienne chambre des comptes du Dauphiné; ancienne caisse du Graisivandan.

L'arrêté de compte précité, qui fixe à cent florins d'or le chiffre de la somme due au sculpteur, nous a conservé le nom de cet artiste, *Nicolas Girard,* qualifié simplement de. *marbrier*(1). Une autre ordonnance d'Henri de Villars, rendue aussi pour le paiement de cette somme, atteste en même temps que la construction de ces tombeaux avait été prescrite par Humbert II. On lit dans cette pièce qu'Humbert. ayant quitté sa principauté avait voulu laisser ce monument de sa piété envers les derniers dauphins, ses prédécesseurs, et rendre ce dernier devoir à leur mémoire. Dans ces titres, il n'est question que des derniers prédécesseurs d'Humbert, ce qui a fait croire que le tombeau de Guigues-André ne devait point être compris au nombre de ceux dont l'ancien dauphin avait ordonné la construction. Des lettres adressées au châtelain de Vizille, sous la date du 5 septembre 1370, mentionnent formellement le tombeau de ce prince. Il est dit dans ces lettres que les *sépulcres* des dauphins André, Jean et Guigues, et d'Hugues dauphin, *étaient déjà commencés* à cette époque dans l'église de Saint-André.

En résumé, il faut conclure des détails ci-dessus qu'un arrêté de compte ou devis pour la dépense des tombeaux précités, s'élevant à la somme de 100 florins d'or, a été passé avec Nicolas Girard en 1354 ; que des à-comptes sur cette somme ont été payés à ce sculpteur à différentes épo-

---

(1) Cette qualification de *marbrier* ou *d'imagier* était alors la seule donnée aux sculpteurs. Jean Goujon, célèbre sculpteur et architecte sous François 1er et sous Henri II, connu par la belle fontaine du marché des Innocents et par d'autres ouvrages non moins remarquables, n'était lui-même qualifié, de son temps, que de simple *maître maçon.*

ques, ce qui explique l'existence de diverses ordonnances de paiement, et que les tombeaux en question n'ont dû être terminés qu'en 1376.

Ces tombeaux, détruits au commencement des guerres de religion, n'ont point été relevés. On se contenta de les remplacer, plus tard, par quatre tablettes en marbre noir, placées dans le chœur, au-dessus des stalles, et sur lesquelles on grava en lettres d'or des inscriptions latines rappelant en peu de mots l'éloge de chaque prince et la date de son décès. Au-dessus des inscriptions, étaient blasonnées sur chaque marbre les armes du prince et de la princesse son épouse.

Voici la traduction de ces inscriptions, qui elles-mêmes n'existent plus, et dont nous avons donné le texte latin dans l'*Histoire de Grenoble* (1):

A André, dauphin de Viennois, prince très-bon et très-dévot, fondateur de cet édifice sacré, qui ordonna de célébrer, chaque année, le jour de son décès ; il est décédé le III des ides de mars MCCXXXVI.

A Jean, dauphin de Viennois, glorieux par sa race illustre et très-célèbre auprès des siens et des étrangers ; il est mort le IV des nones de mars MCCCXVIII.

Guigues, dauphin de Viennois, très-illustre pour avoir fait essuyer à la Savoie de nombreuses défaites et très-invincible, ayant taillé en pièces ses ennemis ; il est décédé le VIII des calendes de septembre MCCCXXXIII (2).

---

(1) *Histoire de Grenoble*, page 285.
(2) Cette date n'est point exacte ; Guigues VIII, blessé mortellement au siége du château de la Perrière, près de

A Hugues dauphin, seigneur du Faucigny,
fils du prince dauphin ; mort en MCCCXXIX.

Autres Tombeaux

DANS L'ÉGLISE.

D'autres tombeaux étaient dans l'église de St-André : nous citerons ceux de Charles de Bouville (1) et d'Enguerrand d'Eudin, tous les deux gouverneurs du Dauphiné, déjà mentionnés plus haut; d'Etienne Guillon, président unique du conseil delphinal, érigé ensuite en parlement (2);

Saint-Julien de Ratz, est mort, non le 25 août ou VIII, des kalendes de septembre, mais le mercredi après le 22 juillet 1333, ainsi qu'en font foi une note du testament de ce dauphin, datée du même jour mercredi après le 22 juillet, et une quittance des frais funéraires du prince, du 14 du mois d'août. *(Notice sur les anciens dauphins de Viennois; Revue du Dauphiné, tome VI).*

(1) Il existe un acte daté du 12 décembre 1385, passé entre Isabeau Edumée, veuve de ce gouverneur, et le chapitre de Saint-André, au sujet d'une messe quotidienne et perpétuelle que ce dernier avait fondée dans la chapelle de la Madeleine de cette église, et pour laquelle fondation il avait légué une rente annuelle et perpétuelle de 60 livres. Il est stipulé dans le même acte que le gouverneur avait donné de plus une rente de 100 *sols* pour un anniversaire.

(2) Ce tombeau de Guillon consistait en une simple pierre enchâssée dans le mur près de l'entrée de la sacristie. Sur cette pierre était gravée, en caractères gothiques, une modeste épitaphe latine, que nous avons rapportée dans l'*Histoire de Grenoble,* et dont nous donnons la traduction : *Ici reposent, pour la mémoire éter-*

de Jean de Bellièvre, premier président du parlement de Grenoble, décédé en 1584 ; d'Arthus et de Nicolas Prunier de Saint-André, tous les deux aussi premiers présidents de la même cour, et décédés, le premier en 1616, et le second en 1692. Les tombeaux de ces premiers présidents étaient en marbre blanc ; ceux d'Arthus et de Nicolas Prunier étaient ornés de sculptures et de petites statues ; ils étaient surmontés d'un buste aussi en marbre blanc représentant le défunt. Tous ces tombeaux et les autres qu'il y avait dans l'église de Saint-André (1) n'existent plus. Les ravages du temps et la main des hommes y ont tout détruit. Les pierres tumulaires qui servent de dalles, et qu'on a déplacées, et quelquefois cou-

---

nelle, Etienne Guillon, jurisconsulte, président du parlement, chevalier, sa femme et ses enfants, dont l'un est Guillaume de Mâcon.

Une fille du président Guillon, nommée Louise, épousa le célèbre jurisconsulte Guy Pape. Nous pensons qu'elle aussi a été enterrée dans l'église de Saint-André : notre conjecture est en cela fondée sur une transaction du 10 novembre 1477 par laquelle Jean et François Pape, comme héritiers de Guy Pape, leur frère, et d'après un legs par lui fait dans son testament en faveur de la même église, pour un anniversaire fondé par Louise Guillon, sa femme, reconnurent devoir au chapitre une *pension annuelle* de trois florins d'or qu'ils imposèrent sur une pièce de pré de neuf sétérées, *située en l'Isle lez Grenoble.*

(1) Les *obituaires* ou registres d'*obits*, et les autres papiers de l'ancien chapitre de Saint-André que nous avons consultés, font mention de plusieurs personnes de distinction enterrées soit dans l'église, soit dans le cimetière du chapitre, ou qui ont fait divers legs en faveur de cette même église. On trouve de leur nombre Jean Baile, président unique du conseil delphinal, qui, par son testament du 16 août 1473, légua à ce chapitre 50 florins pour un anniversaire, plusieurs membres des anciennes cours judiciaires du Dauphiné, des jurisconsultes distingués, etc.

pees pour les disposer de manière à former un pavé symétrique, ne sont même plus lisibles pour la plupart.

On ne voit plus aujourd'hui dans l'église de Saint-André qu'un seul monument posé contre le mur, dans une grande niche près de la chapelle actuelle de la Sainte-Vierge. et qui était autrefois une chapelle dite *des Morts ;* ce monument est celui du chevalier Bayart.

Pierre Terrail, seigneur de Bayart, tué dans le Milanais, à l'affaire de Rebecq, en 1524, a été transporté à Grenoble et enterré dans l'église du couvent des minimes de la Plaine, près de cette ville, dans la chapelle des Allemans. On ne mit sur sa tombe aucune inscription. Ce ne fut que longtemps après que Scipion de Polloud, seigneur de Saint-Agnin, grand-prévôt du Dauphiné, fit élever en l'honneur de Bayart un monument qui fut placé dans le chœur de l'église des minimes, au-dessus de la porte qui allait à la sacristie, et qui est resté dans ce lieu jusqu'en 1790, époque où l'église et le couvent précités furent vendus comme biens nationaux. Le monument de Bayart ne fut point compris dans la vente : le cahier des charges joint au procès-verbal d'adjudication de ces immeubles, dressé et signé par le procureur général syndic du département, sous la date du 30 octobre de cette année, contient cette réserve expresse (1) : *Art. 6. Comme les mânes de Bayard appartiennent à la nation qu'il illustra par ses vertus, le mausolée qui les renferme et tout ce qui en dépend ne sera point compris dans la vente : l'administration*

(1) *Vente des biens nationaux,* vol. 1er, n° 1er. *(Archives du département de l'Isère.)*

*demandera incessamment au corps législatif et
au roi la permission de transférer ce dépôt,
cher à la patrie et au département, dans un lieu
public, pour y être conservé jusqu'à ce que des
circonstances plus heureuses permettent d'élever
à ce grand homme un monument que le public
désire depuis longtemps. Le comparant a signé.*
GAUTIER (1).

Le rapport d'experts, joint au même procès-
verbal d'adjudication des immeubles dépendant
du ci-devant couvent des minimes de la Plaine,
constate que le mausolée était placé au-dessus de
la porte qui communiquait du chœur de l'église
au cloître.

Ce monument de Bayart a été un des premiers
objets d'art déposés au musée de Grenoble, lors
de la création de cet établissement (2), bien
moins comme pouvant offrir un certain intérêt
sous le rapport de l'art, que comme rappelant un
nom auquel se rattache une des pages glorieuses
de notre histoire locale. Il a été plus tard transféré
du musée de cette ville dans l'église de Saint-
André, où il est actuellement.

Le mausolée est formé d'une tablette de mar-

---

(1) Louis Gautier, notaire à Grenoble, procureur
général syndic près du directoire du département de
l'Isère, et auteur d'un éloge historique de Bayart, couronné par la société littéraire de Grenoble dans le mois
de février 1789. On doit savoir gré à cet administrateur
d'avoir demandé au directoire du département et d'en
avoir obtenu la conservation du monument d'un guerrier à la mémoire duquel il avait depuis peu consacré
quelques pages.

(2) Un état des travaux faits pour ce musée en l'an 9
par le sculpteur Argoud contient cette indication : *Idem,
pour avoir fait le* noc *et posé le mausolée de Bayard,
montant* 18 *francs.*

bre noir, ornée aux deux côtés d'une large panse
d'urne, et au-dessus d'un écusson (1) surmonté
d'un buste de grandeur naturelle (2), le tout en
marbre blanc d'Italie. Au-dessous, une tête de
mort, accompagnée de deux aîles de chauve-sou-
ris, sert de support à la tablette sur laquelle est
gravée une inscription latine en mémoire du
chevalier dauphinois.

Le monument de Bayart était, depuis plusieurs
années, dans l'église de Saint-André, lorsqu'un
préfet du département, M. d'Haussez, se chargea
du soin de réunir à ce monument les cendres du
guerrier dont il rappelait le souvenir.

Le 24 août 1822, veille de la fête de saint Louis,
fut le jour désigné pour cette cérémonie à laquelle l'administration fit donner le plus d'appa-
reil possible. Ce jour, un cortége funèbre, formé
d'un détachement de la garnison sous les armes,
du préfet du département, du lieutenant général commandant la 7e division militaire, du premier président de la cour royale de Grenoble, du
procureur général près la même cour et d'un
adjoint à la mairie de cette ville faisant les fonc-

---

(1) Sur cet écu sont les armes de Bayart : *d'azur au
chef d'argent, chargé d'un lion naissant de gueules,
un filet d'or mis en bande brochant sur le tout.*

(2) Il existe au musée de Versailles un buste de Bayart,
d'après le buste original de son monument. On a suivi
aussi les traits de ce dernier buste pour un tableau qui
représente Bayart blessé au siége de Brescia, et qui
était, il y a peu d'années, au musée du Luxembourg.
Nous devons dire à cet égard qu'il est fâcheux que l'artiste à qui l'on doit la statue de Bayart, qui est à
Grenoble, sur la place Saint-André, n'ait point eu l'idée
de s'inspirer de son buste qu'il avait sous les yeux, au
lieu de donner, comme il l'a fait, au guerrier dauphinois, la tête d'Alexandre mourant.

tions de maire, apporta de l'église des minimes de
la Plaine et déposa dans l'église de Saint-André,
à Grenoble, au pied du monument précité, des
restes humains renfermés dans un cercueil en
bois de noyer. Ces ossements avaient été extraits,
le 4 juillet précédent, d'un caveau de l'église des
minimes, au pied du maître-autel, en présence
des personnes ci-dessus nommées : un procès-
verbal de la recherche des restes de Bayart, signé
par les mêmes témoins, par un membre du conseil général, par le maire de la commune de Saint-
Martin d'Hère, où sont les bâtiments des minimes de la Plaine (1), et par le propriétaire de ces
bâtiments, avait été dressé sous la même date du
4 juillet; et ces ossements, après avoir été placés
dans un nouveau cercueil, avaient été laissés dans
l'église jusqu'au jour fixé pour leur translation.

Le dépôt de ces restes dans le caveau de St-
André fut fait aussi en présence de l'évêque de
Grenoble, qui les attendait à la porte de l'église ;
on a inscrit sur la pierre qui recouvre le cercueil :

Ci gît Bayard :

*Ses restes, retrouvés dans l'église des minimes
de la Plaine et* AUTHENTIQUEMENT RECONNUS, *ont été
recueillis par les soins de M. le baron d'Haussez,
préfet de l'Isère, et déposés sous cette pierre, le
24 août 1822.*

Cette inscription constate que les cendres conte-
nues dans le cercueil sont celles de Bayart. Malgré
cette attestation et celle du procès-verbal du 4 juillet 1822, où l'on parle de restes incontestables et

(1) La partie des bâtiments comprenant l'église a été
détruite en 1827.

authentiques, on nous permettra de douter de
cette authenticité. Notre doute n'étonnera point
lorsqu'on saura que le corps de Bayart a bien été
enterré dans l'église des minimes de la Plaine,
mais dans la chapelle des Allemans (1), tandis que
les fouilles pour l'extraction des restes apportés
dans l'église de St-André ont été opérées dans le
chœur au pied des marches du maître-autel. Aussi,
n'est-il point surprenant qu'on n'ait trouvé dans
le prétendu tombeau de Bayart aucune trace de
fer ni d'armure qui pût faire conjecturer que là
reposait un guerrier mort sur le champ de ba-
taille (2).

L'erreur était facile.

Nous avons dit qu'on ne mit sur son tombeau

---

(1) Dans cette chapelle a été aussi enterré le président
de Valbonnais, décédé à Grenoble, le 2 mars 1730. (Cor-
respondance littéraire de Valbonnais, premier président
de la chambre des comptes du Dauphiné, publiée
d'après les manuscrits de la bibliothèque du roi, avec
une notice historique, par M. Jules Ollivier. — Valence,
1839, page 41.) Quoique l'église des minimes de la Plaine
soit aujourd'hui détruite, l'existence de deux anciennes
chapelles dans cette église est un fait irrécusable. Le seul
rapport d'expert joint au procès-verbal d'adjudication
des bâtiments des minimes de la Plaine, du 31 décembre 1790, l'atteste suffisamment. Ce rapport s'exprime
ainsi : *A côté sont deux chapelles voûtées de 12 pieds
sur 14 ; les fenêtres qui les éclairent sont grillées et l'aire
est en pierre molasse, en mauvais état.* (Archives de la
préfecture, vol. 1er, n° 1er.)

(2) Le procès-verbal de la recherche des restes de
Bayart, que nous avons sous les yeux, contient l'aveu
que rien n'a été trouvé avec le corps ; il indique en
même temps, il est vrai, que, d'après les fouilles faites, les autres parties de l'église ne renfermaient aucun
corps, ce qu'on nous permettra également de contester,
puisqu'on aurait dû rencontrer tout au moins les restes
du président de Valbonnais et ceux que le propriétaire
actuel de l'ancien couvent a trouvés lui-même dans plu-

ni inscription ni même son nom. Les anciens biographes de cet illustre guerrier conviennent de cette circonstance ; ils mentionnent seulement qu'il fut enterré dans l'église du couvent des minimes de la Plaine (1), près de Grenoble, fondé par son oncle Laurent Alleman, évêque de cette ville, et sans désigner dans quelle partie de l'église. Il avait lui-même demandé d'être inhumé

---

sieurs tombes en fouillant par hasard l'ancien emplacement de l'église.

Voici les termes du procès-verbal, que nous livrons à l'appréciation du lecteur : *On a rencontré à l'endroit désigné le caveau qui a servi à recouvrir les restes du chevalier Bayard. Après s'être assuré, par des fouilles générales, que le sol n'avait éprouvé aucun changement depuis l'époque de l'aliénation et que les autres parties de l'église ne renfermaient aucun corps, on a levé la pierre qui couvrait le caveau ; on a trouvé un cercueil en chêne renfermant les ossements d'un corps humain ; le bois de ce cercueil, intact en apparence, s'est en partie pulvérisé, quand on l'a sorti à l'air ; il n'en est resté que des fragments, qui seront déposés avec les ossements qui, d'après les autorités et les traditions citées, ont été reconnus être incontestablement les restes du chevalier Bayard.* (Archives de la préfecture de l'Isère).

(1) La fondation de ce couvent date de 1494. Le cloître, la tour du clocher et la sacristie, destinés à une fabrique de bonbons, sont encore debout : l'église n'existe plus ; mais la description en est indiquée dans le procès-verbal d'expert joint à l'adjudication des immeubles du couvent, que nous avons déjà cité : « L'église est au nord du couvent; et elle n'en est séparée que par un mur de refend; son entrée est au couchant; il y a un perron à deux marches en pierre de taille ; la porte est aussi en pierre de taille, cintrée avec des moulures gothiques; le tout est aux trois quarts usé.... la nef de l'église a neuf toises de long sur quatre toises cinq pieds de large ; l'aire est en briques carrées, distribuées en trois bandes en longueur et en largeur, en pierre de taille de Sassenage. Le plancher supérieur est un plafond à grand berceau avec corniche et cadre; le tout est mi-usé. A côté sont deux chapelles, etc., etc. »

à Grignon, près de Pontcharra, dans le tombeau de ses pères ; ce qui n'a point été exécuté.

Plusieurs années après la mort de Bayart, Scipion de Polloud fit élever en sa mémoire, et dans l'église où il était enterré, un monument qui fut placé dans le chœur, au-dessus de la porte d'entrée de la sacristie. La position de ce monument, le seul qui rappelât le nom de Bayart, et qui, dès lors, devait seul attirer les regards et l'attention des curieux, dut devenir elle-même la cause première d'une erreur. Peu à peu on dut s'habituer à croire que là, dans le chœur, au devant du monument, devaient reposer également les cendres du guerrier : d'autres conjectures ont dû contribuer à confirmer la même erreur. On lit dans le dictionnaire manuscrit de Guy Allard, à l'article Minimes : *Bayard y est enterré près du grand autel.* La chapelle où reposait Bayart était-elle près du grand autel ? L'auteur ne le dit point. Cette phrase isolée, et sans explication, pouvait, dans tous les cas, laisser supposer qu'il était inhumé dans le chœur même.

Guyard-Berville, auteur d'une vie de Bayart, qui, pour avoir été la plus répandue dans le temps, n'est pas moins regardée aujourd'hui comme la plus inexacte et la plus remplie d'erreurs, est au surplus le seul qui ait désigné le pied des marches du sanctuaire comme le lieu où devait reposer le guerrier (1); malheureusement ce sont ces

(1) Il paraîtrait que Guyard-Berville n'aurait pas même vu l'église, s'il faut en juger par cette phrase : *Et à main droite, au-dessus d'une porte d'entrée du monastère, on voit son buste en marbre blanc, ayant le collier de l'ordre ; et sur un autre marbre blanc au-dessous, on lit une épitaphe.* L'auteur sépare ainsi le buste du monument funéraire dont il fait deux objets distincts, et place l'épitaphe sur un marbre blanc, tandis que ce dernier marbre est noir.

dernières indications qui ont été suivies lors des fouilles de 1822. On n'a cherché uniquement que dans le chœur.

Cependant, on aurait pu et dû s'en référer plutôt et de préférence aux citations des auteurs dauphinois qui, en rappelant la mort du président de Valbonnais et le lieu où fut déposé son corps, constatent qu'il fut enterré dans la même église des minimes de la Plaine et dans la même chapelle des Allemans où était Bayart.

Après une telle assertion, nous avouons qu'on doit s'en rapporter plutôt à ces dernières autorités qu'à Guyard-Berville. N'était-il pas plus naturel, en effet, et du moment surtout qu'on ne réunissait plus les cendres de Bayart à celles de ses pères, qu'on les déposât dans une chapelle qui était celle d'une famille à laquelle il appartenait par sa mère?

Musique

DE LA CHAPELLE DES DAUPHINS.

Les dauphins avaient pour leur chapelle delphinale une musique entretenue. Plusieurs chapelains et *familiers* de la maison du prince étaient attachés à ce service, ainsi qu'il résulte d'une ordonnance d'Humbert II, datée d'Avignon, du 25 juin 1345, et où il est dit que ce dauphin ayant entendu la voix mélodieuse de Rican d'Entraigues, moine du monastère de Saint-André d'Avignon, retint auprès de sa personne, pour sa chapelle, ce moine, en lui assurant comme chapelain les priviléges, faveurs et prérogatives dont jouissaient

ses autres chapelains et familiers domestiques (1).
Cette ordonnance fut rendue en conseil où assistaient l'évêque de Grenoble, chancelier, Amblard,
seigneur de Beaumont, et François de Parme,
professeur dans les deux droits et chevalier.

Orgues.

Un compte des dépenses faites par Henri de
Drens, bailli des baronnies de Menillon et de
Montauban, pour le voyage du dauphin Humbert II
à Avignon, en 1335, contient cette annotation :

*Pour deux fardeaux où étaient les orgues
(organa) et les effets du seigneur..... LXX flor.*
(2).

---

(1) *Hinc est quod vos cujus vocis melodiam in ca-
pella nostra nuper audivimus, nostrum ipsius capelle
domesticum, cum privilegiis, gratiis, prerogativis
quibus ceteri nostri gaudent capellani et familiares
domestici tenore presentium retinemus, etc. (Ancienne
chambre des comptes du Dauphiné; Regist. intit. litte-
rarum de tempore D. H. D. etc., f. 78.* — Valbonnais,
hist. de Dauphiné, tom. 2., pag. 513.)

(2) *Pro duobus fartellis portandis, in quibus erant
organa et raube domini, LXX flor. (Ancienne chambre
des comptes du Dauphiné; comput. Castel. Graisivaud.
1335, fol. 162.)*
Nous savons que Valbonnais, en citant ce passage,
fait observer que le mot *organa* se prend pour toutes
sortes d'instruments de musique. (*Hist. de Dauphiné,*
tom. 2, p. 305.) Cet auteur, pensant avec raison que les
dauphins avaient pour leur chapelle une musique entretenue qui les suivait dans leurs voyages, ne voit dans
l'emploi de l'expression précitée que la simple désigna-
tion des instruments de musique de cette chapelle, et

Cette citation prouve que l'usage des orgues n'était point alors inconnu en Dauphiné : ces orgues étaient portatives ; elles servaient à la chapelle des dauphins.

Plus tard, au XVIᵉ siècle, il est aussi fait mention d'orgues dans l'église de Saint-André. La ville de Grenoble venait d'être occupée par les protestants ; le culte catholique y était aboli et plusieurs prêtres se trouvaient complétement sans ressources. L'un d'eux présenta, le 27 février 1563, au conseil de ville une demande de secours. On lit dans une délibération de ce conseil, à la date de ce jour : *propose que Mᶜ Bérenger, prêtre et organiste de St-André, est en grande pauvreté et nécessité, n'ayant pas de quoi vivre* (1).

que le dauphin envoyait avec ses hardes à Avignon, où il devait séjourner quelque temps.

Complétant ici la pensée même de Valbonnais, nous dirons que le dauphin, qui avait passé quelques années en Italie à la cour du roi de Naples ; qui, à son retour en Dauphiné, y avait apporté des goûts d'un luxe presque alors inconnu, et qui, chaque jour, épuisait ses revenus pour satisfaire à ses idées de grandeur, devait tenir à ce qu'il ne manquât rien à la musique de sa chapelle delphinale. Il n'est point étonnant, dès lors, qu'il eût un orgue portatif, instrument à la vérité encore assez peu connu, mais qui, après tout, n'était pas rare au point qu'un prince tel qu'Humbert n'en eût pas un pour sa propre chapelle.

D'un autre côté, au lieu d'entasser pêle mêle les instruments de musique transportés en voyage, il était plus simple que chaque musicien eût le soin de son instrument particulier.

Enfin, le prince se rendait à la cour du pape où il devait avoir à cœur d'étaler la pompe et le faste d'un souverain.

Toutes ces considérations nous déterminent à croire que le mot *organa* précité doit être pris dans son sens naturel et tel qu'on l'entendait au XIVᵉ siècle ; c'est-à-dire qu'il désigne réellement un orgue.

(1) *Registres des conclusions de l'hôtel de ville de Grenoble; année 1563.*

28

Un siècle après, l'organiste de cette église était également un prêtre, chargé, à la fois, de la maîtrise des eufants de chœur et du soin de toucher de l'orgue; il s'appelait Rabourdin et recevait, comme organiste, un traitement annuel de douze écus ou trente-six livres (1).

Son traitement de maître de plain-chant était de cent livres annuellement.

Le successeur de Rabourdin, dans ses doubles fonctions d'organiste et de maître de musique pour les enfants de chœur, a été Jean-Philippe Sauveur, aussi prêtre habitué de la même église (2). Il paraît, au surplus, que depuis lors jusqu'à l'époque de la révolution de 1790, ce fut toujours un prêtre qui toucha de l'orgue à Saint-André.

En 1788, le traitement de l'organiste était de 200 fr. annuellement et celui de maître pour le chant de 100 fr. Ces deux traitements étaient réunis, tous les deux, sur la même personne (3).

---

(1) *Plus, demande ledit sieur comptable luy être allouée la somme de trente-six livres payées au sieur Rabourdin, prêtre habitué en l'église; et ce, pour ses gages d'organiste d'une année, commencée le 15 novembre 1659 et finie le 15 novembre 1660; appert d'acquit cy rendu, cy 36 livres. (Comptes du chapitre de St-André de Grenoble; année 1660.)*

(2) Ce prêtre, déjà organiste de St-André en 1670, l'était encore trente ans après, en 1700. *(Comptes du chapitre de St-André.)*

(3) *Mêmes comptes;* année 1788.

Sonnerie du Sing.

L'usage de sonner chaque soir la cloche du *sing* est fort ancien à Grenoble ; il remonte à une époque reculée.

Une ordonnance de police de cette ville, du 6 décembre 1320, défendait de sortir la nuit sans lumière après le son des cloches, sous peine d'une amende de 60 *sols*. Cette amende est portée à 25 livres dans une autre ordonnance de police datée de 1412, défendant également de sortir sans lumière après le son de la grosse cloche, qui était celle de Saint-André (1). Ce son de la cloche s'appelait le *sing*, le signal, traduction en français de l'époque du mot latin *signum* (signal) (2). C'est la même expression qui est encore employée de nos jours, dans le même sens, par la population grenobloise.

Il est fait mention de ce *sing* dans une délibération du conseil de ville du 14 janvier 1564, et où il est consigné que le *sieur Jehan Fléard, troisième consul, et Jacques Aymon, conviendront avec le maniglier* (sonneur) *de Saint-André, pour combien il sonnera le sing* (3).

---

(1) *Archives de Grenoble ; diverses ordonnances.*

(2) On trouve aussi en vieux français le mot *sing* employé pour indiquer une cloche ; de là vient *tocsin* qui désigne le son de la cloche.

(3) *Registre des conclusions de l'hôtel de ville. Année* 1564.

Le prix fut arrêté à un florin par mois (1).

Aujourd'hui et depuis longtemps, ce *sing* dont plusieurs personnes ignorent sans doute l'origine, n'est plus, comme autrefois, la mise à exécution d'une mesure de police qui devait avoir son utilité, à une époque, surtout, où l'éclairage de nuit n'était pas connu. C'est aujourd'hui un simple avertissement donné aux habitants, pour leur annoncer que les portes de la ville vont se fermer : cet avis donne le temps aux promeneurs qui sont sortis de l'enceinte de la cité, d'y rentrer ; de même qu'il invite les personnes que leurs affaires appellent au dehors de la ville, à en sortir. Sous ce rapport, la sonnerie du *sing* a bien encore de nos jours son double avantage. Ajoutons que, depuis 1792, c'est le sonneur de l'église de Saint-André qui est chargé de ce service, pour lequel il reçoit annuellement sur les fonds municipaux la somme de cent francs.

Cloches.

Avant 1692, il n'y avait à Saint-André que deux cloches. Cette année, le chapitre décida qu'il serait fait trois cloches neuves qui furent fondues à Grenoble sur le bastion de la porte Saint-Laurent (2) : cette fonte ne réussit point.

---

(1) Le florin valait alors 12 *sols tournois ;* environ 1 fr. 80 centimes de notre monnaie.

(2) Les cloches devaient être appelées *André, Pierre* et *Jean,* suivant les noms donnés par les premiers présidents du parlement, de la chambre des comptes et du bureau des finances, qui étaient : Arthus Prunier de

L'année suivante 1693, le même chapitre traita avec Nicolas Huard, maître fondeur, habitant à Clérieu en Dauphiné, pour la façon de cinq cloches. Les chanoines se chargèrent de toutes les dépenses, soit du métal, soit de la fonte. Huard ne devait être payé que de ses peines pour la conduite de l'ouvrage, dont la direction fut complétement confiée aux soins d'Innocent le Masson, général des chartreux, qui s'était offert pour surveiller le travail. Le fondeur s'obligea, de son côté, à *travailler incessamment* et à rendre les cloches *parfaites en état de réception*, dans le délai de cinq mois : il fut passé avec lui, à cet effet, et par un acte reçu aux minutes de Claude Aubert, notaire à Grenoble, sous la date du 6 mars 1693, un prix-fait pour la somme de 830 livres, payables lorsque *lesdites cloches* seraient *au clocher battantes et sonnantes*, sous la condition aussi qu'il garantirait les cloches durant une année, et que, pendant tout le temps du travail, il serait nourri avec ses deux fils par le chapitre.

Les cloches furent fondues à Chalais, près de Voreppe, en présence et sous les yeux du général de la chartreuse : cette fois, elles réussirent très-bien. La première cloche, qui était la plus grosse, fut fondue le 29 avril, à trois heures du matin. On la fit sonner dès le lendemain, jour de l'Ascension. Deux mois après, toutes les nouvelles cloches arrivèrent à Grenoble ; elles furent bénites dans l'église de Saint-André par le prévôt Flodoard

---

Saint-André, Jean-Pierre Moret de Bourchenu de Valbonnais, et Jean-Guy Basset. Trois inscriptions fastueuses devaient, en même temps, constater et apprendre à la postérité que ces trois illustres corps du Dauphiné avaient contribué par leurs largesses à l'établissement de ces cloches.

de Bourchenu, le samedi 11 juillet, après les vêpres capitulaires (1).

On mit ensuite sept jours pour les monter au clocher.

D'après les comptes du chapitre de Saint-André que nous avons examinés, la dépense des cloches s'éleva à plus de trois mille livres, sans y comprendre le coût de plus de 8,500 kilogrammes de métal provenant soit des anciennes cloches, soit d'achat, ni le bois pour le fourneau, ni une partie du fer donnés par les chartreux. Cette dépense peut être ainsi détaillée :

	liv.	sols.
Au fondeur, pour prix fait et étrennes......	842	»
Nourriture du fondeur et de ses deux fils et menues dépenses............	309	»
A reporter....	1,151	»

---

(1) Le souvenir de cette cérémonie est ainsi consigné dans le registre des délibérations du chapitre : *Du lundy 13e juillet 1693, dans la sacristie, où étaient présents et capitulairement assemblés MM. etc., etc., il a été représenté qu'il serait bon de mettre dans les registres le jour qu'on a fait la bénédiction des cloches; c'est ce qu'on a trouvé à propos.*

Le onzième du présent, après les vêpres, tout le clergé de cette église s'étant rendu au bas de l'église, où les cinq cloches étaient suspendues, M. le prévost, accompagné de ses officiers, tous revestus de leurs ornements, a fait la ditte bénédiction avec beaucoup de solemnité, où il y avait une grande affluance de peuple. La grosse cloche a esté benitte à l'honneur de saint André, la seconde de saint Bruno, la troisième de saint Loys, la quatrième de saint Jean et la cinquième de saint Pierre. (Livre des conclusions capitulaires, année 1693.) Un article du compte des dépenses du chapitre de cette année est ainsi conçu : *Plus une livre trois sols donnés à deux soldats pour empêcher qu'on ne fût incommodé par la foule du peuple dans la cérémonie de la bénédiction des cloches.* (Comptes du chapitre de Saint-André; année 1693.)

Report........	1,151	»
Achat de 200 kilogrammes de rosette (4 quintaux) et de 50 kilogrammes d'étain fin (1 quintal)................	442	»
Fonte et fourniture d'une partie du métal des *grenouilles*............	178	»
Pour la voiture de 8,567 kilogrammes et demi de métal (171 quintaux 35 livres) envoyé de Grenoble au Chevallon sur huit charrettes..........	28	»
Transport des cloches de Chalais à Grenoble et étrennes..............	134	»
Frais pour la montée des cloches et étrennes........................	140	»
Fourniture et façon d'une partie des fers............................	231	»
Fourniture et façon des courbes et hunes pour les cloches	118	»
Achat de 89 kilogrammes de cordes (178 livres)......................	35	12
Achat de bois à brûler pour les cloches manquées	138	»
Frais pour les mêmes cloches.....	525	»
Menus frais (1)................	53	»
Total........	3,173	12

(1) Parmi ces derniers frais est la dépense de 3 livres 17 sous 6 deniers payée *au sieur Champ, imprimeur, pour l'impression de cent exemplaires de l'inscription des cloches.* (Compte du chapitre de Saint-André, année 1693.) Nous avons un exemplaire de ces inscriptions, *in plano;* il est sans date et sans nom d'imprimeur. Il a pour titre : *Inscripta campanarum ecclesiæ Gratianopolitanæ sancti Andreæ, fusarum anno domini M.D.C.XCIII. in domo R.R. P.P. carthusianorum Calesii, operâ R. P. Innocentii le Masson, prioris carthusiæ, ejusdemque ordinis ministris generalis.* Après ce titre viennent les inscriptions placées dans l'ordre que furent bénites les cloches. Nous les indique-

La grosse cloche appelée André est la seule qui existe aujourd'hui (1); elle pèse trois mille kilogrammes (60 quintaux). Deux cloches ont été détruites en 1792 et envoyées à la monnaie.

Quant aux deux autres, elles se sont cassées par accident, l'une en 1828 et l'autre en 1832. On les a remplacées à ces deux époques par deux autres cloches fondues sur le modèle des cloches anciennes et avec la même matière (2).

On lit sur la grosse cloche :

Nuper fusa fui ann. M.D.C.XCII; sed frustra, vox enim mihi defuit cum viscerum notabili dispendio; at refusa fui et renata sum in domo Calesii, quo me transtulit prioris cartusiæ in sancti Andreæ et venerabilis capituli eius cultum et observantiam propensio. Andreas mihi nomen est, et Deo dicata sum in honorem B. Andreæ, anno domini M.D.C.XCIII. sedentibus Innocentio PP. XII et Steph. S. R. E. presbytero cardinali le Camus, episc. Gratia-

rons ci-après, en adoptant de préférence l'ordre qu'elles ont dans le registre des délibérations du chapitre et qui est le plus naturel. Il existe aussi entre la première inscription imprimée et celle qu'on lit dans le registre et sur la cloche, une légère différence, non point quant aux mots ni au sens, mais seulement dans la position de quelques lettres : il est inutile de dire que nous avons suivi l'inscription telle qu'on la lit sur la cloche même.

(1) La grosse cloche fondue en 1692, si elle avait réussi, aurait été plus considérable. Elle aurait pesé 5,000 kilogrammes. On avait jeté dans le fourneau où elle devait être coulée 5,226 kilogrammes et demi de métal (104 quintaux 57 livres). (Livre des conclusions capitulaires de Saint-André, 17 septembre 1692.)

(2) La première de ces deux cloches, celle de 1828, pèse 1,350 kilogrammes (27 quintaux), et la seconde 1,000 kilogrammes seulement. Cette dernière cloche est celle du *sing*.

nop., regnante Ludovico Magno, et DD. Flodoardo Moret de Bourchenu præposito hvivs ecclesiæ. 1693 *(1)*.

---

(1) Cette inscription a été composée par Innocent le Masson, qui la soumit aux chanoines de Saint-André. Le chapitre délibéra, le 16 mars 1693, qu'elle serait mise sur la grosse cloche, sans y rien changer ni ajouter. Cette inscription, gravée sur le bronze, est l'expression des sentiments d'estime et d'amitié que le général de la Chartreuse avait témoignés une année auparavant au même chapitre, dans une lettre qu'il lui avait écrite au sujet des cloches, et que la mémoire d'un homme aussi distingué que l'a été Innocent le Masson nous fait un devoir de consigner ici :

« *A messieurs les prevost et chanoines de l'église* « *collégiale et royale de St-André de Grenoble.*

« Messieurs, j'ay receu avec tout le respect et l'estime « que je dois l'honneur de la vôtre ; mais je ne puis « vous dissimuler que vos honnestetés me jettent dans « la confusion, en voyant avec combien de bienveillance « vous daignez recevoir un des moindres services que je « voudrois vous rendre. J'en ay receu l'occasion avec « joye ; mais j'en auray un bien plus grand si voulez bien « me mettre à l'épreuve dans quelque autre chose de plus « considérable. Je m'y porterai par estime et par in« clination, mais j'y ajouterai encore le titre de recon« naissance dont notre maison de Chartreuse est rede« vable à votre illustre corps et à tout le clergé de Gre« noble, et par ces trois titres joints ensemble, je me « reconnoistrai très volontiers votre redevable de tous les « services dont vous me jugerez capable. Si vous voulez « que mon nom paroisse sur vos cloches, je l'accepte « avec respect, mais à condition que ce sera avec le titre « de votre très humble serviteur, afin que toute la pos« térité sache ce que je vous suis et ce que je seray tou« jours de bon cœur ; c'est-à-dire, intéressé dans ce qui « regarde votre illustre corps, comme pour moi même. « Ordonnez donc, messieurs, et je vous montreray par « œuvres que je suis avec autant de vérité que de res« pect, messieurs, votre très humble et très obéissant « serviteur.

« F. INNOCENT, prieur de Chartreuse, général. « De Chartreuse, ce 27ᵉ juin 1692. »

J'ay esté faicte par sieur N. Hvard, assisté de Pierre Hvard et Jean Hvard ses fils. 1693.

Sur la cloche, au-dessous de l'inscription, sont une croix et les armes du chapitre (1) et celles du prévôt (2).

J'ai dernièrement été fondue l'an du Seigneur 1692; mais en vain, la voix me faillit; un préjudice notable fut causé à mes entrailles. J'ai été refondue, et je suis revenue à la vie dans la maison de Chalais, où m'a transportée l'inclination du prieur de la chartreuse pour la déférence et le respect dus au vénérable chapitre de Saint-André. Mon nom est André; je suis dédiée à Dieu en l'honneur du bienheureux André; l'an du Seigneur 1693, siégeant Innocent XII, pape, et Etienne le Camus, cardinal-prêtre de la sainte église romaine, évêque de Grenoble, sous le règne de Louis-le-Grand, M. Flodoard Moret de Bourchenu étant prévôt de cette église.

Les autres s'appelaient *Brunone, Louise, Jeanne* et *Pierrette.* Voici les inscriptions qui étaient gravées sur chacune d'elles :

In domo Calesii nata sum, et tonus meus musice est LA; *at vocor Petra; et, dum contra aereas tempestates pvlsor, clamo in cœlum: Pater de cœlis Deus, miserere nobis. Fusa fui anno M.D.C.XCIII.*

Je suis née dans la maison de Chalais, et mon ton en musique est LA; je me nomme Pierrette. Lorsque je suis agitée contre les tempêtes aérien-

(1) Une croix en sautoir ou croix de Saint-André.

(2) Croix de sable cantonnée de quatre flammes de gueules; l'écu est surmonté d'une couronne de comte et de la crosse d'abbé.

nes, je crie dans les cieux : Dieu le père, qui êtes aux cieux, ayez pitié de nous. J'ai été fondue l'an 1693.

Sol *mihi sonus est et vocor Ioanna ; dum autem contra malignantes tempestates moveor, hœc sono : Fili redemptor mundi Deus, miserere nobis. Fusa fui simul cum sororibus in domo Calesii, anno M.D.C.XCIII.*

Mon son est sol, et je m'appelle Jeanne. Quand je suis mise en mouvement contre les furieuses tempêtes, je sonne : Fils, rédempteur du monde, qui êtes Dieu, ayez pitié de nous. J'ai été fondue avec mes sœurs dans la maison de Chalais, l'an 1693.

Fa *musice pronuntio ; cum sororibus in domo Calesii unâ fusione nata. Vocor Ludovica ; at sonitu meo aerem verberans, clamo in cœlum : Spiritus sancte Deus, miserere nobis. Fusa fui, anno M.D.C.XCIII.*

Je prononce en musique fa ; je suis née avec mes sœurs dans la maison de Chalais ; je me nomme Louise. Agitant l'air de mes sons, je crie dans les cieux : Esprit saint, qui êtes Dieu, ayez pitié de nous.

Concentum trium sororum perficio per mi; *Brunonia mihi nomen est ; media stans inter Andream et alias sorores, illas excito et contra nubes agitatas pulsans, clamo : Sancta trinitas unus Deus, miserere nobis. Fusa sum Calesii, anno M.D.C.XCIII.*

Je complète en mi l'accord de mes trois sœurs ; mon nom est Brunone. Placée entre André et mes autres sœurs, je les excite et, frappant les nuées agitées, je crie : Sainte trinité, qui êtes un seul

Dieu, ayez pitié de nous. J'ai été fondue à Chalais, l'an 1693.

On voit par ces inscriptions qu'on s'était étudié à établir une harmonie entre les cloches de Saint-André. Cette harmonie était parfaite : elle fut un des motifs qu'allégua le directoire du district de Grenoble pour obtenir qu'aucune des cloches de cette église ne fût détruite, dans un rapport adressé au procureur général syndic du département, le 6 janvier 1792, et par lequel il émit l'avis que ces cloches fussent toutes conservées. Cet avis ne fut point suivi. Le même rapport nous apprend également que quelques années avant la révolution de 1790 on sonnait le *sing* à la cathédrale (1) :

« La cloche dont on était en usage de se servir
« pour sonner la retraite ou le *sein* est fêlée de-
« puis quelques jours : on ne s'en sert plus. Son
« diamètre est d'environ trois pieds deux pou-
« ces ; on peut la descendre en dehors du clo-
« cher, du côté de la place Notre-Dame.
« Mais en envoyant cette cloche à la monnaie,
« l'église épiscopale en sera privée, si on ne
« cherche à la remplacer par une autre. De toutes
« celles dépendantes des églises supprimées, au-
« cune n'approche de la grosseur du *sein*. L'église
« de Saint-André, seule, offre le moyen d'opérer
« ce remplacement ; mais alors l'accord qu'on
« avait cherché à établir dans la sonnerie de Saint-
« André serait rompu. Nous pensons qu'il faut
« envoyer à la monnaie la cloche du *sein*, sauf à
« examiner ensuite de quelle manière on pourra
« la remplacer. En attendant, on peut faire sonner
« la retraite à l'église de Saint-André, en se ser-

---

(1) Archives de la préfecture de l'Isère.

« vant de la cloche appelée ci-devant de l'Au-
« dience (1). »

Horloge.

La ville de Grenoble ayant fait construire en
1396 une horloge avec son *jacquemart*, ou
homme armé d'un marteau frappant les heures
sur une cloche, il intervint un accord entre les
consuls et le chapitre de Saint-André, qui s'offrit
de recevoir cette horloge dans le clocher de
l'église jusqu'à ce que la ville eût à sa disposition
un lieu convenable.

D'après cet accord, passé sous la date du 13
mars 1396, il fut convenu que le chapitre aurait
sous *sa direction* l'horloge pendant tout le temps
qu'elle resterait dans le clocher; que personne, à
l'exception des consuls et sans leur permission,
ne pourrait aller la voir; qu'il serait chargé de
la faire sonner, et que, pour ses soins, il lui serait payé annuellement une somme de six florins
d'or, moitié à Noël et moitié à la Saint-Jean; de
même que, pendant tout le temps qu'il aurait la
direction de l'horloge, il serait exonéré des nouvelles tailles, soit pour les murailles et les forti-
fications de la ville, soit pour les réparations du
Drac et l'entretien même de l'horloge (2).

---

(1) Ainsi nommée, parce qu'on la sonnait pour annoncer les audiences du palais.

(2) Archives de Grenoble, *titres*, n° 747, acte passé
dans la salle capitulaire de l'église de Saint-André, le
13 mars 1396, devant Antoine Acthuyer, du lieu du Pont
de Beauvoisin, notaire à Grenoble.

Cette horloge, est-il dit dans l'acte, fut placée *pour les besoins de la cité dans une grande fe-nêtre du clocher de Saint-André, près du béfroi, du côté gauche, au-dessus de la salle capitu-laire de l'église, au levant, en attendant que la ville eût elle-même une maison ou une tour suf-fisante pour y transférer l'horloge* (1).

La cloche de l'horloge pesait sept cents kilo-grammes (14 quintaux).

Jean Chalvet, chanoine de l'église de Saint-André, est qualifié *recteur de l'horloge de la ville* en 1398 (2).

Un article des dépenses de la ville, en 1405, est ainsi intitulé et conçu :

POUR LA PENSION DE L'HORLOGE.

Et d'abord lesdits consuls ont payé par les mains de Guillaume Chaléon, l'un d'eux, aux sieurs (dominis) Blaise Gautier et Vincent Thomé, recteurs de l'horloge de la présente cité, existant dans le clocher de l'église de Saint-André de Grenoble, en diminution de dix flo-rins dus pour la direction de ladite horloge, pendant l'année 1405 et pour le terme de la fête de la Nativité de Notre-Seigneur Jésus-Christ, ainsi que le constate la quittance reçue et signée, etc., etc... cinq florins.

Item, lesdits consuls ont payé de plus auxdits

---

(1) Il paraît, d'après ces indications, qu'elle fut posée dans une fenêtre, près de la charpente supportant les clo-ches et donnant sur la place de Saint-André, de manière à être vue facilement. Cette façade est effectivement au levant et domine la sacristie qui a longtemps servi de salle capitulaire.

(2) *Comptes de la ville de Grenoble*, année 1398.

recteurs de ladite horloge, par les mains dudit Guillaume Chaléon, coconsul, pour la paye et le terme de la fête de saint Jean-Baptiste, ainsi que le constate la quittance reçue et signée, etc., etc... cinq florins (**1**).

Des réparations urgentes furent faites à cette horloge en 1414. On trouve dans un registre des comptes de cette année que les consuls, d'après l'avis du conseil delphinal et celui des conseillers de la ville, envoyèrent chercher à Romans *Jacquet de Fribort* (Jacques de Fribourg), *maître fabricateur d'horloges*, qui vint à Grenoble pour réparer l'horloge de la ville, et qui, à cet effet, traita avec les consuls, à raison de dix-neuf gros (2), pour ses peines, et au prix fait de trente florins pour toutes les réparations nécessaires (3). Cet horloger s'appelait Jacques Cutriffin; il était de Fribourg en Suisse. C'est le même qui, à cette époque, construisit à Romans l'horloge dite le *Jacquemart.*

Les trayaux de l'horloge de Grenoble furent exécutés. Le même registre des comptes de l'année 1414 indique, en outre, une dépense de trois florins pour six journées de deux charpentiers chargés d'échafauder l'*horloge de Saint-André*, et une autre dépense de trois gros pour achat de

---

(1) *Comptes de la ville de Grenoble*, année 1405.

(2) Le florin valait 12 gros, La journée d'un manœuvre à cette époque était ordinairement de 2 gros, et celle d'un maître-maçon et maître-charpentier de quatre gros ou cinq sous. Pour donner un terme de comparaison entre le prix des denrées à la même époque et celui des denrées de nos jours, il suffit de dire qu'une sommée ou charge de vin (un hectolitre) se vendait, année commune, de 10 à 12 gros, et qu'on avait un quartal de froment (plus d'un double décalitre) pour moins de six gros.

(3) *Comptes de la ville de Grenoble*, année 1414.

deux cordes destinées au contre-poids de l'horloge.

Vers la fin de ce siècle, l'horloge de la ville n'était plus à Saint-André, ou du moins la ville ne contribuait plus à l'entretien de l'horloge de cette église, ainsi qu'il résulte de l'examen des comptes municipaux, mais bien à la dépense d'une autre qui était placée à Notre-Dame.

Cette horloge aurait-elle été transférée du clocher de la première église dans celui de la cathédrale? Nous n'avons encore trouvé aucun document sur ce fait; ce qu'il y a de certain, c'est qu'au milieu du XVIe siècle, le chapitre de Saint-André avait lui-même une horloge, c'est-à-dire qu'il en existait alors deux à Grenoble, l'une dans le clocher de Saint-André, et l'autre dans celui de la cathédrale.

L'existence de ces deux horloges, à cette époque, est constatée par une délibération du conseil de ville de Grenoble, sous la date du 15 janvier 1563, et par laquelle sont commis MM. les consuls afin de *passer contrat pour la sonnerie des prêches, consistoires, réunions et conseils de ville....; et aussi pour l'entretènement de l'horloge de Saint-André et Notre-Dame* (1), *le tout pour le prix de* 90 *florins* (2) *par an, payables par quartiers* (3).

Dans les comptes du chapitre de Saint-André, pendant les deux siècles suivants, il est souvent

(1) Comme la ville était alors au pouvoir des protestants et que le culte catholique y était aboli, toutes les dépenses pour la sonnerie des cloches et l'entretien des horloges étaient devenues des charges municipales.

(2) Environ 162 livres de notre monnaie.

(3) *Conclusions de l'hôtel de ville*, année 1563.

fait mention de dépenses pour l'horloge. On trouve aussi quelques articles de dépense à la fois pour l'horloge et pour sa *montre*, indication que nous donnons ici pour faire connaître qu'il y avait autrefois à Saint-André un cadran marquant les heures, et qui, depuis nombre d'années, n'existe plus (1). L'administration municipale vient de songer à cet oubli. Un beau cadran en pierre de l'Echaillon, auquel travaille en ce moment M. Sapey, sculpteur, sera bientôt posé ; il doit avoir 2 mètres 60 centimètres de diamètre.

Cette année, M. le maire a déjà fait réparer une partie du cordon extérieur de l'église et abaissé le toit du bas-côté, qui cachait entièrement l'arcature au-dessus du portail. Nous remercions ce magistrat d'un changement qui commence à donner à l'édifice un tout autre aspect qu'il n'avait auparavant, en lui rendant, autant que possible, son caractère primitif. Il serait à désirer que l'administration de la fabrique répondît aux mêmes vues, en faisant démolir au moins l'échoppe qui masque encore le portail. La population saurait gré à la fabrique d'un sacrifice fait à ses finances, et l'entrée de l'église, plus vaste et ornée d'un parvis, répondrait mieux au titre qu'a Saint-André d'ancienne chapelle delphinale.

---

(1) Il y a soixante ans qu'on a essayé de réparer ce cadran ; mais quelques difficultés qu'on éprouva décidèrent l'autorité à laisser les choses telles qu'elles étaient.

Tableaux.

Le principal tableau de l'église de Saint-André est celui qui est posé au-dessus du maître-autel, et qui représente ce saint élevé sur une croix par quatre bourreaux; on voit sur le second plan le grand-prêtre, qui semble inviter le martyr à renoncer à la foi; sur le premier plan, un soldat ramasse les vêtements du saint. Ce tableau, qui est de Restout, élève et neveu de Jouvenet, a beaucoup de coloris, de l'expression et du mouvement; il est bien composé, mais on peut lui reprocher d'être d'un mauvais style, maniéré et mal dessiné (1). Il a 4 mètres 20 centimètres de hauteur sur 2 mètres 90 centimètres de largeur; il est dans un beau cadre. Il existait déjà dans l'église de Saint-André avant 1793, à la même place qu'il occupe actuellement.

Quatre grands tableaux de 2 mètres 92 centimètres de haut, qui sont dans la nef de l'église, retracent quatre sujets du Nouveau Testament, savoir : *la Multiplication des pains, la Samaritaine au bord du puits, le Baptême de Notre-Seigneur*, et *la Résurrection de la fille de Jaïre.* Ils sont l'œuvre du frère André, de l'ordre des Frères-Prêcheurs; ils faisaient partie d'une collection de 18 tableaux du même frère, qui étaient

(1) C'est le jugement qu'en a porté M. Jay, conservateur et l'un des fondateurs du musée de Grenoble, dans sa Notice des tableaux exposés dans ce musée en l'an 9, page 10.

placés, avant 1790, autour de l'église des Jacobins de Grenoble (1).

Un tableau qui mérite aussi d'être mentionné par ses belles couleurs et ses effets est celui qui représente Notre-Seigneur au moment où il va être enseveli par Joseph d'Arimathie et les trois Marie ; il est signé : *Blanchet, à Lyon*, et porte la date de 1620. Il a 1 mètre 75 centimètres de largeur sur 1 mètre 60 centimètres de hauteur ; il était, avant 1793, dans l'église de Notre-Dame. A un angle du tableau est le portrait de la personne qui l'a fait faire ; de l'autre côté est une dame à genoux, peinte d'une autre main.

Ces tableaux, transférés à la bibliothèque de Grenoble en 1793, y sont restés déposés quelque temps. Le tableau de Restout fut ensuite placé au musée ; il fut rendu à l'église Saint-André lors du rétablissement du culte. Les autres tableaux que nous venons de mentionner et qui sont dans la même église y ont été transférés plus tard.

Vitraux.

Il n'existe plus à Saint-André que deux anciens vitraux, qui décorent les deux fenêtres au fond du

---

(1) Quatre tableaux de cette ancienne collection sont à Notre-Dame, dans l'église de Saint-Hugues ; huit autres sont dans l'église de Saint-Louis. En 1790, ces tableaux furent transférés dans diverses églises ; ils ont beaucoup souffert de ce transport. Lorsqu'en 1793, on a voulu les déposer à la bibliothèque, il a fallu les ôter de dessus leurs châssis à cause de leur grandeur, et, en les roulant, ils se sont pour la plupart écaillés.

chœur. Ces vitraux sont d'une époque postérieure à celle des guerres de religion du XVIᵉ siècle. Il n'est point à supposer que les protestants,
qui, en 1562, détruisirent les tombeaux des dauphins dans cette église, y aient mieux respecté
les images peintes sur les vitres, lorsque, surtout,
la destruction de ces images était leur but principal, et que l'enlèvement du plomb des vitres devait être, d'un autre côté, un mobile d'intérêt
pour les destructeurs (1).

---

(1) Un témoin oculaire s'exprime ainsi sur ces dévastations commises par les protestants : « Ce dimanche au
« matin, troisième mai, lesdits huguenots prirent ladite
« église des Cordeliers et commencèrent de rompre le-
« dit appointement ; car ils abattirent toutes les images
« et autels..... Ce samedy, neuviesme may, l'on abattit
« toutes les images et autels de l'église des Frères-Pres-
« cheurs, et le lendemain on y prescha..... Ce dimanche,
« après disner, dixiesme may, les huguenots abattirent
« les images de Saint-André et Nostre-Dame..... Ce
« mardy, douziesme may, l'on abattit les images de
« Saint-Laurent, de Saint-Anthoine et de Saint-Jéhan,
« en la place de Saint-André... Ce quatriesme juin, qui
« estoit un jeudy au soir, à huit heures après midy, le
« capitaine Firmin, le capitaine Coct, le capitaine Brion,
« avec toutes leurs compagnies, départirent de cette ville
« pour aller à la Grande-Chartreuse, etc., etc. Lors-
« qu'ils furent venus, vous vites de grandes richesses à
« vendre et à bon compte, et surtout le plomb et l'étain.
« Le plomb valoit six deniers la livre, et la livre valoit
« auparavant deux sols. L'étain ne valoit que deux sols
« ou dix-huit deniers la livre ; auparavant, l'étain vieux
« valoit trois sols neuf deniers la livre au meilleur
« compte, dont il y en a des riches pour toute leur
« vie ; mais n'en serai pas, Dieu le sçoit. »
(Notre *Récit de ce qui s'est passé de plus remarquable
à Grenoble en l'année* 1562, *époque de l'occupation de
cette ville par les protestants.*)
Les protestants, d'ailleurs, ne sont point les seuls ni
les premiers qui aient donné l'exemple de dévastations
semblables, renouvelées à toutes les époques de grandes
révolutions. Avant eux, en 1527 et à Rome même, lors

Ces dégâts ont été, avec le temps, réparés ; de nouveaux vitraux furent placés dans l'église. C'est de cette époque seulement que peuvent dater tout au plus les deux qui restent et qui, dégradés et restaurés plusieurs fois, n'offrent plus même un travail complet et primitif.

Chaque vitrail présente un dais à cintre surbaissé, orné de colonnettes et d'arabesques, et surmonté de fleurons. Sous le dais du vitrail, à droite, du côté de l'Evangile, est une vierge tenant dans ses bras un enfant. On a peint sous le dais de l'autre vitrail, à gauche, un ange à mi-corps, aux ailes bleues, tenant une croix, et couvert d'un corselet ou armure de guerre.

Ces deux sujets n'ont point été pris au hasard : ils rappellent la mémoire du dauphin Louis, depuis Louis XI, l'un des bienfaiteurs de l'église de St-André, en retraçant, le premier, Notre-Dame d'Embrun, pour laquelle ce prince avait une dévotion particulière, et, le second, l'archange Raphaël, que ce roi avait choisi pour son protecteur. Il faut savoir, à cet effet, que les chanoines de Saint-André s'offrirent, en 1468, de dire chaque jour une messe en l'honneur de l'archange Raphaël, pour la conservation du roi et la prospérité de son règne. Cette offre, que firent les chanoines afin de s'attacher le prince, qui venait d'obtenir du pape Jean XXIII des bulles lui conférant la nomination aux bénéfices de leur église, reçut son exécution jusqu'en 1690. Cette année, le chapitre s'affranchit de son

---

du sac de cette ville par les troupes du connétable de Bourbon, les vitraux du Vatican, peints peu d'années auparavant par Claude, peintre en verre, furent brisés pour faire des balles de mousquet. *Ma la disgrazia del sacco di Roma porto che fussero infracti i vetri dalli nemici per levare il piombo da formare balle da moschetto.* (ABECEDARIO PITTORICO, article *Claude*.)

obligation, sous prétexte que l'offre souscrite par ses prédécesseurs n'était que volontaire, et que rien ne pouvait rigoureusement l'astreindre à cette célébration d'une messe quotidienne (1). Depuis lors, le souvenir de Louis XI s'est effacé peu à peu : la mémoire seule de l'ange s'est conservée sur un vitrail de l'église.

Quant aux deux vitraux examinés sous le rapport de l'art, ils sont médiocres, tant pour l'invention que pour l'exécution ; plusieurs vitres sont encore d'une belle et vive couleur ; d'autres paraissent altérées par la vétusté ; il en est d'autres aussi qui sont complétement décolorées et qui ne présentent plus que le trait. Que doit-on induire de ces observations, si ce n'est que les vitres les mieux conservées sont les plus anciennes, et que les autres, plus ou moins détériorées, dénotent des restaurations successives opérées par des mains moins habiles que celles qui ont coordonné le premier travail ? Ainsi, toute la vierge sur le vitrail à droite est complétement dégradée, tandis qu'au contraire les ailes, le corselet et la croix de l'ange du vitrail à gauche sont d'une parfaite conservation.

Les quatre écussons qui ornent les autres fenêtres du chœur appartiennent à deux époques différentes. Sur les deux écus des deux fenêtres latérales, à gauche, sont peintes les armes de l'ancien chapitre de Saint-André, *d'azur à une croix d'or en sautoir*. Nous croyons ce dessin plus ancien que celui des deux autres fenêtres en face, mal exécuté et qui pèche contre les règles héraldiques. On a peint sur l'une de ces dernières fenêtres une croix de Saint-André de gueules, encadrée d'azur, et sur l'autre un écu de gueules,

---

(1) Conclusions capitulaires ; années 1670, 1671 et 1690.

parti au dauphin d'azur et à trois bandes de même : double souvenir que le peintre aura cru devoir tracer sur le verre, en mémoire du chapitre et du fondateur de l'église delphinale (1).

Autrefois, il y avait aussi dans la sacristie des vitraux peints qui furent changés en 1695, et que, pour donner plus de jour, on remplaça par de simples vitres unies, comme le constate une délibération du chapitre du 4 novembre de cette année (2). Déjà, deux ans auparavant, on avait fait nettoyer, réparer et plomber toutes les vitres de l'église. Cette dépense, pour laquelle on traita avec un vitrier appelé Lambert-Dezart, coûta 130 livres 4 sous (3). Sur cette somme, 24 livres sont indiquées dans le devis pour le prix fait de deux œils de bœuf qui étaient l'un dans le chœur, et l'autre au fond de l'église. Cette dernière ouverture, qui était au-dessus de l'orgue, est depuis longtemps fermée : il ne reste plus aujourd'hui que l'œil de bœuf au-dessus du maître-autel, où l'on vient, cette année, de placer un vitrail formé

---

(1) Nous avons oublié de dire qu'il existe également un dauphin sculpté sur la clef de la voûte de la première travée de la nef, à la jonction des deux nervures. On a représenté sur la pareille clef de voûte de la travée du chœur, au-dessus du maître-autel, un agneau portant une croix. Toutes les autres travées ont des clefs de voûte sans sculptures.

(2) « A été proposé par le chanoine Pillerand qu'il « serait nécessaire de faire faire des châssis de verre pour « la sacristie, attendu qu'elle est si obscure qu'en hiver « on a peine à y voir se préparer pour dire la sainte messe ; « conclu qu'on fera faire lesdits châssis de verre inces- « samment, et que le trésorier du chapitre en fera la « dépense. » (Conclusions du chapitre de Saint-André, année 1695.)

(3) Comptes de l'église de Saint-André, année 1693.

simplement d'une bordure ayant au milieu les lettres IHS (Iesus), surmontées d'une croix.

Peintures de l'Eglise.

Le 2 juillet 1692, par un acte reçu Pierre Les- bros, notaire à Grenoble, et d'après une délibéra- tion de ce jour, le chapitre de Saint-André donna à Philippe Buron, *maître peintre* de la ville de Lyon, moyennant le prix fait de 1.000 livres et 100 livres d'étrennes, la peinture de toute l'église, à l'exception des chapelles de Notre-Dame, du Saint-Sépulcre, de Notre-Dame de Pitié et de Saint-Joseph. L'acte ne contient aucun détail sur cette peinture ; il désigne seulement qu'elle sera conforme au dessin convenu, que les ornements des piliers et des cintres seront exécutés d'après ceux du même dessin, et que les nervures des voûtes et les cordons des fenêtres seront dorés. Cet or devait être fourni par le chapitre, chargé aussi de faire *éparverer* les murailles et les voûtes et poser tous les échafaudages (1). Un mémoire

(1) Le chapitre passa, pour ces deux objets, des con- ventions avec Ennemond Gratier et François Badon, maîtres charpentiers de Grenoble, au prix de 380 livres, plus une étrenne de 50 livres, et avec Jean Chorier, Fran- çois Polin et Antoine Giraud, maîtres maçons de cette ville, à raison de 12 sous la toise (15 centimes le mètre carré).
Suivant la mensuration qui fut faite de l'enduit des murailles de l'église, il y eut 979 toises 2 pieds 5 pouces d'enduit (plus de 2,000 mètres), ce qui fit la somme de 587 livres 12 sous 6 deniers, sans compter cinquante livres d'étrennes. Cet état de mensuration indique au pied de l'église une porte allant au cloître : cette porte est la même que celle qui existe au-dessous de l'orgue, (mais qui n'a plus d'issue, et dont le vide sert de placard. *Comptes du chapitre ;* année 1693.)

ou devis dressé après celui des travaux portés dans le prix fait désigne une partie de la dépense du même or employé par le peintre; il mentionne également des armoiries et des écussons qui furent peints sur les voûtes de l'église :

Mémoire de ce que j'ai fait dans l'église de Saint-André outre mon prix fait :

1° Pour avoir doré les baguettes des voûtes, les avoir peintes et fourni l'or, à 25 livres la pièce, au nombre de sept . . . .   **175 livres.**

2° Pour avoir fourni l'or aux ba-guettes des arcs-doubleaux et les avoir peintes.   70

3° Pour avoir fait des moulures autour des arcs-doubleaux, pour les quatre   25

4° Plus, avoir fait six armoiries dans les voûtes.   36

5° Plus, pour avoir fait des écus-sons dans le chœur. , ...   6

6° Plus, pour avoir peint le tour de six chapelles.   36

7° Plus, pour avoir fourni un de-mi-millier d'or employé aux chapi-teaux du chœur, outre ce que M. Chaboud a fourni.   20

                    Total. . . .   368 livres.

La partie cy-dessus arrestée à la somme de..., etc. *Signé* BURON (1).

Il n'existe plus dans l'église aucune trace de ces

_____

(1) Comptes du chapitre; année 1693; *littéré*.
Le peintre Buron eut à déplorer la mort d'un de ses fils, qui travaillait avec lui, et qui se tua en tombant d'un échafaudage, au-dessous de la voûte de l'église.

peintures; ce qui en restait encore de nos jours a disparu, en 1839, sous le badigeon actuel des murs.

La chapelle de la Sainte-Vierge a été peinte à la fresque en 1840. Les deux scènes représentées sur le mur du fond, au-dessus de l'autel, sont, d'un côté, à droite l'Annonciation, et de l'autre, à gauche, la Présentation de Marie au temple. On a écrit en lettres d'or, au-dessous de la première scène : *Ne timeas. Saint Luc, ch. 1, v. XXX* ; et au-dessous de la seconde : *Pars mea Dominus. Jérémie, Lam. 111, v. XXIV*. Un large soubassement à ornements gothiques et rehaussé d'écussons décore le bas du mur et celui des deux faces latérales ; chaque écusson contient une invocation à la sainte Vierge : *Siége de la sagesse, Tour d'ivoire, Arche d'alliance, Etoile du matin,* etc.

Un ciel-ouvert éclaire la chapelle, dont la voûte, peinte en bleu, est semée d'étoiles d'or.

Ces peintures, quoique médiocres, dues à un artiste de Grenoble, ne sont pas entièrement sans mérite. De nouveaux travaux qu'on se propose d'exécuter doivent changer toutes ces décorations. Elles seraient remplacées par des peintures à l'huile sur toile, encadrées dans les murs.

Chapelles.

La **plus** ancienne chapelle de l'église de Saint-André dont il soit fait mention est celle de la Ste-Vierge. Le dauphin Guigues-André, fondateur de l'église, voulut, par son testament du 3 mars 1236, qu'on y fît construire cette chapelle, ce qui fut exécuté. C'est la même qui est aujourd'hui murée, située en face de la porte d'entrée, et qui a subsisté jusqu'en 1838, époque à laquelle on la transféra où elle est actuellement, à droite du chœur, dans l'ancienne chapelle du St-Sépulcre.

La chapelle de St-Joseph est rappelée dans des actes du XVIIe siècle, indiquant qu'elle était située près de la grande porte d'entrée, c'est-à-dire à l'endroit même qu'elle occupe encore ; elle a été complétement réparée depuis peu d'années.

Ces deux chapelles sont aujourd'hui les seules qui existent dans l'église ; celles qu'il y avait autrefois ne subsistent plus, et de ce nombre sont les chapelles de Sainte-Madeleine et de Sainte-Catherine, citées, la première dans un titre de 1268, et la seconde dans un autre de 1277. Cette dernière a été fondée par un chanoine de cette église nommé Pierre Fabri. Plus tard, on trouve d'autres chapelles sous les vocables de Notre-Dame de Pitié, du Saint-Sépulcre, de Saint-Georges, de Sainte-Barbe, de Saint-Pierre, de Saint-Jacques, etc.

La chapelle du Saint-Sépulcre est celle qui est mentionnée le plus souvent ; elle existait en 1411. Elle a conservé son nom jusqu'en 1838, époque à laquelle on y a transféré la chapelle de la Sainte-Vierge.

En 1693, il y avait à Saint-André six chapelles, savoir : celles de Notre-Dame, du Saint-Sépulcre, de Notre-Dame de Pitié, de Saint-Joseph, de Sainte-Anne et de Saint-Georges, et les autels de Saint-Louis, de Saint-Jacques et de Sainte-Barbe, placés contre les murs de la nef.

Sacristie.

Les dauphins tenaient dans la sacristie de l'église de Saint-André la bannière delphinale de Saint-Georges , leur épée, leur anneau et leur sceau; ils y avaient aussi leurs archives, avant qu'ils eussent dans leur palais un lieu pour les recevoir.

La même sacristie a servi de salle capitulaire pour les réunions du chapitre jusqu'au dernier siècle.

Bancs.

Lorsque le parlement et la chambre des comptes se rendaient en corps à l'église de Saint-André, cette chambre était dans l'usage d'y avoir le pas sur le parlement, c'est-à-dire que ses officiers se plaçaient à droite, en entrant au chœur, tandis que ceux du parlement étaient à gauche. Cette distinction était accordée à ces premiers officiers à cause de l'ancienneté de leur création. D'après la même prérogative, ces officiers, lorsqu'ils assistaient en robe aux prédications, se plaçaient à côté du prévôt, sur un banc qui était dans le chœur au-devant de l'autel, du côté de l'épître. Plus tard, ce banc fut placé au-dessous de la grille du chœur. Le parlement avait lui-même son banc particulier en face de la chaire, dans l'endroit où est aujourd'hui celui de la fabrique.

Les consuls de la ville avaient aussi un banc dans la nef; derrière eux étaient deux autres bancs : celui des trésoriers du Dauphiné et celui des secrétaires de la chancellerie. Ces derniers n'eurent que vers la fin du XVIIᵉ siècle un banc particulier dans l'église. Comme les principales

places y étaient occupées, ils obtinrent de Mme
de Clermont-Tonnerre le banc qu'elle y avait, et
que le chapitre lui avait concédé deux ans auparavant par une délibération du 25 janvier 1690.
On lit dans cette délibération : « Mme la comtesse
« de Tonnerre désire d'avoir une place dans
« l'église pour y entendre la prédication et faire
« ses prières. A été conclu que le chapitre ac-
« corde à ladite dame une place qui est vacante
« entre le banc de MM. les consuls de cette ville,
« pour en disposer à son usage, comme elle vou-
« dra ; cette concession étant principalement
« faite pour marquer à Mme la comtesse de Ton-
« nerre le respect et la vénération que le chapi-
« tre a pour sa piété et sa qualité, et pour un
« témoignage de reconnaissance des bienfaits,
« ornements et libéralités de ses prédécesseurs
« pour cette église, où quelques-uns d'eux sont
« ensevelis. »

Un autre document que nous croyons devoir
citer, et qui se rapporte au banc du chœur, est
une déclaration donnée par le chapitre de Saint-
André le 3 février 1727, sur la demande de la
chambre des comptes, et attestant que cette
chambre a droit de se placer dans ce banc. On
sait combien, à cette époque, on tenait aux pré-
séances dans l'église ; de sorte qu'on ne doit
point être étonné de voir que de graves magistrats aient exigé par écrit une déclaration de cette
nature :

« A été représenté par M. Hélie, syndic, que
« messieurs de la chambre des comptes souhai-
« tent que le chapitre leur déclare par écrit
« qu'il reconnaît que tous les jours de sermon,
« excepté les dimanches et fêtes, messieurs des
« comptes sont en droit d'occuper le banc qui

56

« fait face à l'autel du côté de l'épître, pendant
« le sermon, en laissant libre la place de M. le
« prévost, qui lui est réservée.

« Conclut que le chapitre reconnoît et déclare
« à messieurs de la chambre des comptes qu'ils
« sont en droit d'occuper lesdites places, suivant
« l'usage, lorsqu'ils viennent en robe entendre
« le sermon, excepté les dimanches et fêtes, en
« laissant libre la place de M. le prévost, que lui
« seul est en droit d'occuper, lorsque messieurs
« de la compagnie y sont en robe, sauf à en être
« usé à l'égard de messieurs de la chambre les
« jours de fêtes et dimanches, lorsqu'ils viendront
« en robe assister aux offices divins, suivant l'u-
« sage observé à l'égard de messieurs du parle-
« ment, sans novation pour la place de M. le pré-
« vost, et sans que la présente délibération puisse
« nuire en aucun cas au droit de MM. les cha-
« noines à l'égard des dites places, lorsqu'elles ne
« seront pas occupées par messieurs des comptes ;
« et en conséquence le bedeau continuera de met-
« tre leur tapis sur ledit banc, que le chapitre ne
« s'oblige pas de faire garder, messieurs de la
« chambre étant les maîtres d'envoyer un huis-
« sier pour garder lesdites places (1). »

Prédications.

Chaque année, un prédicateur faisait à Saint-
André la station de l'Avent et celle du Carême ; il
était choisi alternativement par le parlement et
par la chambre des comptes ; il était payé par ces

(1) Conclusions capitulaires.

deux corps et recevait du chapitre une étrenne de six livres. Nous avons trouvé des listes de nominations de prédicateurs faites par la chambre des comptes de 1689 à 1760 (1); parmi les noms qu'elles rappellent, il en est peu qui soient étrangers au Dauphiné; presque tous appartiennent à des maisons religieuses. Assez souvent ces maisons demandaient elles-mêmes de faire prêcher par des religieux de leur communauté. Une délibération de la chambre des comptes du 28 mai 1707 contient, à cet égard, les renseignements suivants :

« Sur la remontrance qui a été faite par l'un
« des syndics de la chambre, que les religieux
« des différents ordres de cette ville ont demandé
« la chaire de Saint-André pour l'Avent de l'an-
« née 1710 et le Carême de 1711 et pour les pre-
« mières nominations suivantes dépendant de la
« chambre, pour avoir le temps d'engager de
« bons prédicateurs de leurs ordres;
« La chambre, par bonnes considérations à
« elle connues, a résolu qu'à l'avenir elle don-
« nera sa nomination aux ordres de cette ville
« successivement, lesquels elle chargera, en
« général, de lui fournir des sujets capables de
« remplir ladite chaire, et au cas que, pendant
« l'Avent, la chambre ne soit pas satisfaite du
« choix du prédicateur, elle en nommera pour
« le Carême suivant tel autre que bon lui sem-
« blera; et attendu que les pères jésuites, les pè-
« res capucins et minimes ont été les premiers
« qui ont demandé ladite chaire, la chambre a
« nommé pour l'Avent de 1710 et le Carême de 1711
« l'ordre desdits pères jésuites, et ensuite les pè-

(1) Registres des délibérations de la chambre.

« res capucins et minimes, et les autres ordres
« successivement, suivant le choix que la cham-
« bre en fera aux conditions ci-dessus, se réser-
« vant, néanmoins, de pouvoir nommer à ladite
« chaire des prêtres séculiers quand bon lni
« semblera, en renvoyant à ce sujet la nomina-
« tion des ordres religieux (1). »

Déjà, quinze ans auparavant, la même chambre
avait choisi le chapitre de Saint-André lui-même,
et sur sa demande, pour prêcher l'Avent de 1692
et le Carême de 1693. Cette demande avait été
faite par ce chapitre, afin d'employer à la refonte
de ses cloches le traitement destiné au prédicateur, et que purent ainsi économiser les chanoines en prêchant à tour de rôle (2).

Les prédications soit de l'Avent, soit du Carême, avaient lieu les mardi, mercredi et vendredi de la semaine, à onze heures du matin. Le
parlement et la chambre des comptes étaient dans
l'usage de s'y rendre; mais les membres de cette
première cour, vingt-cinq ou trente ans avant la
révolution, ayant mis à neuf heures l'ouverture
de l'audience qui, auparavant, était une heure plus
tôt, cessèrent dès ce moment d'assister aux ser-
mons les jours non fériés. Les membres de la
chambre des comptes, qui, au contraire, quittaient
le palais à onze heures, continuèrent à se rendre
aux prédications, suivant l'ancien usage, jusqu'en
1790.

(1) Registres des délibérations de la chambre des
comptes.

(2) Mêmes registres.

Sépultures.

Le dauphin Guigues-André avait obtenu que le chapitre de Saint-André eût non-seulement un cimetière particulier, mais encore qu'il pût faire inhumer dans son église les personnes qui l'auraient désiré ou pour lesquelles il en serait fait la demande.

D'après cette autorisation, confirmée par une bulle du pape Alexandre IV, en 1263, les chanoines concédèrent des sépultures dans l'église de Saint-André. Ces concessions étaient faites soit à la charge d'une fondation, soit sous l'obligation de donner un ornement ou d'autres objets nécessaires aux besoins de l'église. De pareilles permissions sont souvent rappelées dans les registres des délibérations capitulaires, surtout au XVIIe siècle. A cette époque, il y avait à Saint-André un caveau commun pour les personnes attachées au service du chapitre et celles de leur famille ; un second caveau pour les autres inhumations et des sépultures privées. Le tombeau des chanoines était au-devant de la chapelle de Saint-Joseph ; on lit encore sur la pierre qui le recouvre : *Tvmvlvs canonicorvm*. Les prévôts avaient un tombeau séparé, dans l'ancienne chapelle de la Sainte-Vierge, en face de la précédente.

Quant aux autres sépultures existant à la même époque ou autorisées pendant le siècle suivant, nous pourrions en citer plusieurs, concédées à des personnes de tout rang et de toute qualité, principalement à des veuves. Nous indiquerons seulement les tombes des familles Prunier-Saint-André,

Ponat et Gratet, qui étaient, la première dans le chœur, la seconde dans la chapelle de St-Joseph, et la troisième au-devant d'une chapelle sous le vocable de Sainte-Croix. A ces trois noms de famille, nous ajouterons celui d'Isaac-Benjamin de Montagne, ancien capitaine de cavalerie dans le régiment de Simiane, enterré à Saint-André le 7 avril 1766, et dont les vieillards de notre ville, il y a trente ans, conservaient encore un précieux souvenir. Son acte de sépulture est suivi d'un éloge que nous mentionnons et qui est, au surplus, le seul que nous ayons trouvé dans les registres des inhumations dans cette église, que nous avons parcourus :

« Nous croyons devoir mettre icy, comme un
« foible témoignage du respect que nous avons
« pour la mémoire de feu M. de Montagne, qu'il
« a édifié notre chapitre, l'espace d'environ qua-
« rante ans, par sa grande assiduité aux grand's-
« messes et aux offices du jour qui sont chantés
« dans cette église ; qu'il a pratiqué dans cette
« ville toute sorte de bonnes œuvres. Aussi incon-
« tinent après que le peuple fut averti de sa
« mort par la dernière bénédiction du Saint-Sa-
« crement que l'on donna pour luy, il se rendit
« dans son appartement une si grande quantité de
« personnes pour avoir le bonheur d'avoir quel-
« que petite chose qui luy eût servi pendant sa vie
« ou qui l'eût au moins touché après sa mort, que
« MM. les chapelains de cette église, qui vont préfé-
« rablement à tous autres réciter le psautier chez
« les personnes qui doivent être enterrées dans
« cette église, eurent grand'peine à y trouver place.
« Son convoi et son enterrement, quoique sim-
« ples, furent faits avec un concours extraordi-
« naire de personnes de tout âge, de toute con-
« dition et de tout sexe, qui ne cessaient de par-

« ler de ses vertus ; et M. le curé de Saint-Hu-
« gues, en remettant au chapitre de Saint-André
« le corps de ce vénérable vieillard, en fit l'éloge
« à la porte de l'église dans un discours court et
« frappant. Il a été enterré dans le tombeau le
« plus près de la chapelle de Saint-Jacques (1).
« Signé J. Lagier, Basset, Le Clet, *prêtre, cha-*
« *noine théologal et sacristain de St-André* (2).

La dernière inhumation à Saint-André a été
faite le 14 décembre 1775. Depuis lors, toute
sépulture dans les églises ayant été défendue par
les nouveaux édits, le chapitre ne fit plus d'enterrement que pour ses membres, qui furent
inhumés dans la cour du cloître, cour actuelle
de la cure, où l'on voit une croix sur un piédes-
tal en pierre, et au-devant une dalle recouvrant
une tombe. Là, dans ce caveau, appelé le *Tombeau
capitulaire*, ont été ensevelis sept chanoines : l'un
d'eux est Pierre Gras-Duvillard, décédé le 23
août 1785 (3).
Le chanoine Charles Berton est le dernier qui
fut enterré dans le caveau du cloître, trois ans
avant la dispersion des membres du chapitre.

---

(1) L'autel de ce saint était au pied de l'église, à côté
de la chapelle de la Sainte-Vierge.

(2) Registre des sépultures de Saint-André ; année
1766.

(3) Auteur de quelques opuscules depuis longtemps
oubliés.

ANCIENNES FÊTES

DES FOUS ET DU CLERGEON COURONNÉ.

DANS L'ÉGLISE DE SAINT-ANDRÉ,

et

ANCINNE FÊTE DE L'ANNIVERSAIRE DE LÀ MORT DU DAUPHIN,

DANS LA MÊME ÉGLISE.

On sait que dans plusieurs villes et dans plusieurs églises, il était anciennement d'usage que les enfants de chœur, appelés aussi *Esclaffards*, choisissent pour le jour de Noël un évêque, nomme l'*évêque fol*, des conseillers, un aumônier de l'évêque et d'autres assistants, et qu'à l'issue des offices religieux ils célébrassent eux-mêmes leur office particulier étant tous en chape ou revêtus des ornements habituels, et leur évêque ayant une mître et le bâton pastoral.

Le même usage exista à Saint-André. Les enfants de chœur de cette église faisaient après leur office, soit le jour de Noël, soit pendant les trois jours suivants, une procession sur divers points de la ville et au dehors, en chantaut *les proses de l'âne et du bœuf*, et d'autres proses relatives à la fête de chaque jour. A cette procession se rendaient les confréries, accompagnant l'*évêque fol*, monté ordinairement sur une ânesse. Le jour de St-Jean, la procession allait à la Tronche, à la fontaine de ce saint, où chacun buvait de cette eau. La même procession, à son retour, faisait une semblable station à la fontaine de la Perrière, nommée aussi la *Fontaine de saint Jean de la part de saint Martin*, parce que son eau venait également de la Tronche, et qu'elle servait de limite, du côté de la Perrière, entre la ville proprement dite et le territoire de la paroisse de St-Martin le Vinoux. Avant de boire à chaque fontaine, on distribuait de petits morceaux de pain comme le pain béni, et l'on demandait à saint Jean de donner une bonne récolte pour la prochaine année.

Cette fête fut abolie en partie, en 1308, par un règlement ou statut passé entre les deux chapitres de la cathédrale et de Saint-André, et défendant expressément au bas clergé de ces deux églises de se promener en public comme par le passé, soit dans la ville, soit au dehors, et de se livrer à des plaisanteries qui pussent blesser les personnes :

« *Item*, nous statuons et ordonnons que les pe-
« tits évêques ou archevêques qu'on est dans
« l'usage de créer dans ces deux églises, pour la
« fête des Innocents, ne pourront et ne devront
« aller à cheval ni dans la ville, ni au dehors
« pendant les fêtes de la Naissance du Seigneur
« et pendant les trois jours qui suivent, ni faire
« des rimes (rytmas) (1) sur les laïques, les hommes

---

(1) On doit entendre ici les épigrammes et plaisanteries rimées par lesquelles ces petits évêques et leurs conseillers et officiers, que nommait le bas-chœur, se plaisaient à tourner toutes choses en ridicule pendant la durée de cette fête. Il suffit, pour donner une idée de ces sortes de bouffonneries, de citer deux seules indulgences usitées à Viviers en 1365, et que l'aumônier de *l'évêque fol* prononçait avec gravité après la bénédiction

« ou les femmes, soit de la ville, soit de dehors;
« et quiconque fera le contraire ou quelque
« chose de contraire à ces présentes sera privé du
« chœur de l'église dont il sera clerc, sans espoir
« de pouvoir jamais y rentrer, et cela à cause des
« dangers, des contestations, des dissensions et
« des discordes ayant eu lieu jusqu'à présent à
« l'occasion de ces réjouissances (1). »

D'après cette défense, la fête des Fous, à Noël,
tomba peu à peu en désuétude; elle continua,
toutefois, à subsister sous la dénomination de
fête du clergeon couronné et à se faire le jour
de Pâques, en l'honneur de la naissance du Sauveur. Ce jour, après les vêpres, les enfants de
chœur de Saint-André ayant choisi un évêque,

---

donnée aux assistants par le prétendu prélat, les jours
de Saint-Etienne et de Saint-Jean :

Indulgence pour le jour de Saint-Etienne :

De part mossenhor l'évesque
Que Dieus vos dona grand mal al bescle
Aves una plena banasta de perdos
Et dos dès de raycha de sol le mento.

De la part de monseigneur l'évêque, que Dieu vous
donne grand mal au foie, avec une pleine benne de par-
dons et deux doigts de rache sous le menton.

Indulgence pour le jour de Saint-Jean, répétée le
lendemain :

Mossenhor ques ayssi presenz
Vos dona XX banastas de mal de dens,
E à vos autras donas a tressi
Dona una coa de rossi.

Monseigneur qui est ici présent vous donne vingt
bennes de maux de dents et vous donne, pour joindre à
ses autres dons, une queue de rosse.

(1) *Statutum inter Decanum et capitulum beate Marie
Gratianopolis et prepositum capitulumque S. Andree.*
(Anciennes archives du chapitre de Saint-André.)

qu'ils couronnaient de fleurs, faisaient une procession, à l'issue de laquelle des habitants, organisés en *confrérie de pèlerins*, descendaient la statue de saint Jacques au-dessus de l'un des bénitiers au-devant de la porte de l'église (1), l'entreposaient sur l'autel de la chapelle du saint, et sortaient ensuite processionnellement en chantant l'hymne *O filii et filiæ*, qu'entonnait l'évêque ou clergeon couronné, et qu'on accompagnait ainsi jusqu'à la porte de l'église de Saint-Jean. Le clergé de cette paroisse se réunissait à la procession. On couchait alors la statue sur des serviettes remplies de petits morceaux de pain, qu'on plaçait sur une voiture pendant qu'on se dirigeait vers la fontaine de Saint-Jean et que le même clergeon, monté sur une ânesse, entonnait de nouveau une chanson en langue vulgaire, dite la *Chanson de Saint-Jean*. En voici les premiers couplets :

> Allons à l'eyga de Sin-Jean,
> Elle nou fera de bon san,
> Et lon tem nou pourron chanta :
>   Alleluia.

> La fontana de queu gran sin,
> Intre Grenoble e Sin-Martin,
> De le croui (2) vint din l'Izera :
>   Alleluia.

> Ell'ei bien aisia à trova
> Un chacun po la vei cola,
> En bien beir' e s'en bien chara (3) :
>   Alleluia.

---

(1) Il y avait un bénitier sous chacune des deux niches latérales de l'église.

(2) *Des croix*, c'est-à-dire de l'ancien *calvaire* qu'il y avait autrefois à la montée de Chalemont.

(3) Laver, nettoyer.

Cette chanson était suivie de celle des pèlerins : lorsque les confrères étaient arrivés à la fontaine du saint, ils distribuaient les petits morceaux de pain, qu'on mangeait, et chacun buvait un ou plusieurs verres d'eau en l'honneur de saint Jacques, pour obtenir une bonne et abondante récolte. On s'en retournait en chantant, d'abord la prose de l'âne, ensuite celle du bœuf, et l'on rentrait dans l'église, où l'on faisait une offrande d'œufs rouges.

Cette fête et cette procession ont duré jusqu'au commencement des guerres de religion du XVI siècle (1).

Une autre fête du même genre que faisaient les enfants de chœur de St-André, et qui a long-temps survécu aux deux fêtes précédentes, était celle de l'anniversaire du dauphin Guigues-André, fondateur de cette église.

Chaque année, le 13 mars, jour de cet anniversaire, ces enfants de chœur en surplis et en aumusses se rendaient après les vêpres hors de la ville, sur le territoire de Saint-Martin le Vinoux ; là ils prenaient un cercueil couvert de branches de buis, qu'ils rapportaient processionnellement et au son du tambour, et qu'ils déposaient ensuite dans l'église. Le cercueil et les buis étaient mis en morceaux et distribués aux personnes présentes, qui, souvent, se battaient pour en avoir leur part. Cette fête, qui rappelait l'enterrement du dauphin Guigues-André, existait encore en 1681 (2) ; elle fut

_____

(1) Nos *Usages, fêtes et coutumes existant ou ayant existé en Dauphiné.* — Grenoble, 1841 ; in-12.

(2) Le dauphin Guigues-André habitait une maison forte où est actuellement la tour de Rabot ; il serait possible qu'il y fût mort, et que de là fût venue l'habitude d'aller chercher ce cercueil à Saint-Martin le Vinoux. Dans ce cas, on a dû suivre d'abord l'ancienne route sur le coteau, et prendre plus tard la nouvelle route de la porte de France après qu'elle eût été ouverte, au commencement du XVIIe siècle.

supprimée cette année par l'évêque Etienne
Le Camus, à cause du scandale auquel elle
donnait lieu dans l'église. L'ordonnance épiscopale qui la supprime est datée du 13 mars ; comme elle contient divers détails, soit sur la fête
elle-même, soit sur la manière dont le chapitre de
Saint-André célébrait l'anniversaire du dauphin,
nous avons pensé qu'on nous saurait gré de
la transcrire ici en entier :

« Estienne, par la patience divine, évêque et
« prince de Grenoble, etc. ;
« Sur ce qui nous a été représenté par notre
« promoteur général qu'il se commet un très-
« grand abus dans l'église collégiale de Saint-
« André de cette ville, le treizième jour du mois
« de mars de chaque année, par les clercs et en-
« fants de chœur de ladite église, au sujet d'une
« procession qu'ils font ledit jour après vespres
« jusqu'à la porte de France de la présente ville,
« où ils vont, revêtus de surplis et d'aumusses,
« prendre une bière couverte de buis, qu'ils font
« ensuite porter, et laquelle ils accompagnent
« processionnellement au son du tambour et
« avec des cris et des clameurs scandaleuses de
« quantité d'enfants qui s'attroupent dans les rues
« et jusque dans ladite église, où ils vont remet-
« tre ladite représentation; et que, pour lors,
« tout le menu peuple crie et se bat pour avoir
« des branches de ce buis et des morceaux de
« cette bière : ce qui est tout à fait opposé au res-
« pect qui est dû à la maison de Dieu et au très-
« saint sacrement qui y repose ; et que, d'ailleurs,
« toutes ces puérilités ayant été abolies dans
« tous les diocèses, il estoit nécessaire d'abolir
« cette procession ridicule, d'autant mieux qu'elle
« se faisoit sans fondement et sans authorité.
« C'est pourquoi, désirant d'y pourvoir, nous

« nous sommes voulu informer au préalable de
« quelques personnes de ladite église, pour sa-
« voir si cette cérémonie avait quelque fonde-
« ment ou dans leurs registres ou dans leurs
« rituels et cérémoniaux ; mais nous ayant rap-
« porté qu'il n'y a aucun acte dans ladite église
« qui en fasse mention, à moins que lesdits clercs
« et enfants de chœur ne fassent cette proces-
« sion à l'occasion de l'anniversaire et du jour du
« décès du prince André, dauphin, fondateur de
« ladite église collégiale . que ladite église est en
« coutume de célébrer ledit jour avec toute la
« pompe et toute la solennité requise en pareils
« cas, fesant sonner toutes les cloches la veille,
« chantant les vespres et les vigiles des morts, et
« le lendemain une grande messe solennelle pour
« le repos de l'âme de leur dit fondateur, ayant
« fait tendre l'autel de noir et fait mettre une
« représentation avec le drapt mortuaire et les
« flambeaux accoutumés au milieu du chœur ; et
« qu'ainsi le chapitre de ladite église souhaitte-
« roit ardemment qu'on abolît ladite supersti-
« tion dans une ville où il y a un si grand nom-
« bre de religionnaires, qui se servent de cette
« occasion pour tourner en dérision nos cérémo-
« nies et les prières pour les morts ;

« A ces causes , nous défendons à l'avenir,
« sous peine d'excommunication, aux enfants de
« chœur, clercs, clergeons de ladite église collé-
« giale de Saint-André de la présente ville, et à
« tous autres, de ne plus aller avec surplis, au-
« musses, ny autrement, à ladite porte de France,
« pour y prendre ladite représentation ou bière
« couverte de buis, ny de la porter ou faire por-
« ter par la ville, ou ailleurs, processionnelle-
« ment ny autrement ;

« Ordonnons, à cet effet, que le sieur prévost,

« chanoines et chapitre de ladite église, tiendront
« la main à l'exécution de notre présente ordon-
« nance , qu'ils feront lire et publier au premier
« chapitre de ladite église, en présence desdits
« clercs et enfants de chœur, et enregistrer dans
« leur capitulaire et dans leur nécrologe, pour y
« avoir recours quand besoin sera ; et, au regard
« du service que ladite église est en coutume de
« faire, nous ordonnons que ledit jour treizième
« du mois de mars de chaque année, veille du
« décès du prince André, dauphin, fondateur de
« ladite église, le sieur prévost, chanoines et
« chapitre de ladite église continueront, suivant
« leur louable coutume, de faire sonner toutes
« les cloches de ladite église, de faire tendre
« l'autel de noir avec le luminaire convenable,
« de placer au milieu du chœur une représenta-
« tion couverte d'un drapt noir avec les armes
« du dauphin, de chanter les vespres et les vigi-
« les des morts, et le lendemain une grand'-
« messe solennelle avec toute la pompe et solen-
« nité requise pour le repos de l'âme dudit sei-
« neur prince-dauphin, leur fondateur, exhor-
« tant tous les chanoines , prêtres , habitués ,
« clercs et autres ecclésiastiques incorporés dans
« ladite église, d'y assister (1).
« Donné à Grenoble le treizième mars mil
« six cent quatre-vingt-un. † ESTIENNE, E. de Gre-
« noble. Par monseigneur, G. MAGNON. »

(1) *Ordonnance contre l'abus de l'anniversaire du
dauphin.* (Anciennes archives de l'évêché de Grenoble.)

Ancien Chapitre de Saint-André.

On a vu que le chapitre de Saint-André a été, dès son origine, formé de douze chanoines et d'un prévôt ; il comptait ce même personnel en 1330 ; mais sous Humbert II, en 1344, il était composé déjà de seize membres, savoir : un prévôt et quinze chanoines. Dans la suite, ce nombre a varié ; il était en 1790 de treize chanoines, y compris le prévôt, comme à l'époque de sa fondation, plus de cinq cent soixante ans auparavant.

Ces chanoines, sous le règne des dauphins, eurent une grande influence sur ces princes. Attachés à leur chapelle delphinale, ils furent souvent choisis par eux, soit pour leurs conseillers, soit pour officiers de leur maison. Sous ces titres, ils se rendirent utiles au pays. La considération dont ils jouissaient et leur mérite contribuèrent même à rehausser en quelque sorte le rang du chapitre dont ils faisaient partie, et à rendre leur corps l'égal de celui de la cathédrale. Il y eut à cet effet, en 1308, un traité d'union et de parité entre les deux chapitres.

Par ce traité, il fut convenu que le doyen de la cathédrale céderait sa place dans le chœur au prévôt de Saint-André, lorsque celui-ci irait à Notre-Dame ; de même que le prévôt céderait la sienne au doyen, lorsqu'il se rendrait dans son église. Ce fut là une déférence accordée au chapitre delphinal, puisque auparavant, d'après l'acte même de translation de ce chapitre de Champagnier à Grenoble, le doyen de la cathédrale avait la première place à Saint-André, tandis que le prévôt n'avait que la seconde à Notre-

Dame. Il fut également stipulé qu'au décès du prévôt ou d'un chanoine de Saint-André on sonnerait à Notre-Dame comme pour le décès du doyen ou d'un chanoine de la cathédrale, et que le chapitre assisterait à leurs obsèques ; de même que, réciproquement, on devait, au décès du doyen ou d'un chanoine de Notre-Dame, sonner à Saint-André comme pour le décès du prévôt et d'un chanoine de cette église, et le chapitre devait assister aux obsèques du défunt. Une clause du traité fut aussi que le mercredi des Rogations la procession de Saint-André irait à Notre-Dame, et que là il serait chanté une messe ; de même que la procession de cette dernière église se rendrait à Saint-André, où serait également chantée une messe suivant l'usage.

Il fut défendu aussi par le même statut, aux petits évêques ou archevêques qu'on était en usage de créer dans ces deux églises pour la fête des Innocents, d'aller à cheval en ville ou hors de la ville et de se livrer à des plaisanteries sur les hommes et les femmes, sous peine d'être chassés du chœur sans espoir d'y rentrer (1). Enfin, les deux chapitres, pour se donner un gage réciproque de leur amitié mutuelle, convinrent de s'intéresser et de s'aider dans toutes leurs affaires et dans leurs procès contre quelques personnes que ce fussent, en exceptant seulement l'évêque et le dauphin (2).

---

(1) Il s'agit de la *fête des fous*, que ces enfants de chœur faisaient à Saint-André et à Notre-Dame, et dont nous avons déjà parlé,

(2) *Statutum inter Decanum et capitulum beate Marie Gratianopolis et prepositum capitulumque S. Andree.* Ce statut est daté pour le chapitre de Notre-Dame du vendredi après la fête de la Toussaint 1308, et pour le chapitre de Saint-André du 1er décembre suivant.

En 1333, le dauphin Guigues VIII confirma,
en faveur du chapitre de Saint-André, ses priviléges, et mit cette église sous sa protection, avec
ordre à tous sés officiers de défendre le prévôt,
ses chanoines et les clercs, comme sa propre personne. L'année suivante, Humbert II, successeur
de Guigues VIII, ratifia les mêmes priviléges; il
exempta en même temps le chapitre de la taille
par feu imposée sur les terres du Dauphiné, défendant aux châtelains de Vizille de Montfleury
et de Cornillon, où le chapitre avait des biens,
de les comprendre dans leurs rôles.

Ce prince fut constamment porté à veiller aux
intérêts du chapitre. Le 22 janvier 1344, il aug-
menta les revenus de l'église pour y entretenir
douze lampes, et pour qu'il y eût continuelle-
ment et perpétuellement un cierge, une lampe
allumée et du feu devant le maître-autel. Il con-
çut aussi l'idée, en 1345, d'ériger Saint-André en
une abbaye où il devait y avoir soixante chanoines réguliers, portant l'habit blanc et le capu-
chon rouge, et vivant suivant le rit et la règle de
l'église de Magelone ; l'abbaye devait être dotée
d'un revenu de 2,000 florins. Le dauphin ne
donna point suite à son projet; il se contenta
d'augmenter la distribution du chœur en faveur
des chanoines, de fonder douze chapelains dans
l'église et de donner trente florins pour y tenir
tous les matins, à perpétuité, un cierge ardent
devant le grand-autel.

Plus tard, le dauphin Louis, duc de Guyenne,
fils de Charles VI, par des lettres-patentes du
2 juin 1411, mit la *chapelle delphinale* de Saint-
André (elle est ainsi nommée dans ces lettres), son
chapitre, ses personnes et les biens qui en dépendaient, sous sa protection, chargeant expressément le gouverneur du Dauphiné et son lieu-

tenant de maintenir les droits de cette église et
d'empêcher qu'on leur portât la moindre atteinte.
Le chapitre était alors en contestation avec l'évêque de Grenoble, qui prétendait que le prévôt et
ses chanoines lui devaient hommage et serment
de fidélité pour leurs bénéfices ; le prince, instruit
de la cause de ce différend, défendit aux chanoines, par d'autres lettres du 23 du même mois, de
se prêter aux exigences du prélat, et ordonna à
Reynier Pot, gouverneur du Dauphiné, de s'y
opposer formellement.

Le dauphin Louis, depuis le roi Louis XI, fils
de Charles VII, ne se montra pas moins favorable
à l'église de Saint-André, ni moins porté pour
elle que ses prédécesseurs. Par des lettres datées
de Saint-Symphorien d'Ozon de 1426, et par
d'autres lettres sous la date de Grenoble du 25
février de l'année suivante, il la plaça, ainsi que
son clergé et ses biens, sous sa protection, les
exempta de toute juridiction inférieure, commet-
tant directement leurs causes au conseil delphinal.

Les officiers du chapitre étaient le courrier ou
procureur de la maison, le trésorier, le chantre
et le sacristain ; ils sont nommés dans cet ordre
dans diverses délibérations capitulaires du commencement du XIVe siècle. Le courrier (*correa-
rius*) avait le premier rang après le prévôt. En
1337, Humbert Pilat était chantre (1), Humbert
Claret (2) trésorier, et Pierre Tardivel sacristain du chapitre. Quoique, à cette époque, il y

_____

(1) Le même chanoine a été notaire secrétaire du
dauphin Humbert II et son chancelier ; ii mourut auditeur de la chambre des comptes et prévôt de Saint-André,
en 1373.

(2) Il fut aussi chanoine d'Embrun, conseiller du dauphin et auditeur des comptes.

eût, comme on le voit, un chanoine à qui était
confiée la sacristie, il paraît cependant que cet
office ne fut pas continué, puisque le pape Pascal II, en 1467, par une bulle datée de Rome du
8 décembre de cette année et sur la proposition
du chapitre, érigea à Saint-André un nouvel office
de sacristain. Dans cette bulle, cette église est
qualifiée de *collégiale, insigne entre les autres
églises collégiales de la patrie du Dauphiné* (1).
Il y est dit qu'elle *était convenablement dotée de
joyaux, de calices et d'ornements ; qu'elle était
munie de divers priviléges, et qu'il lui man ·
quait un officier qui fût particulièrement*

---

(1) *Et cum collegiata ecclesia beati Andree Gratianopolis insignis inter alias ecelesias collegiatas patrie
Delphinatus. (Instrumentum fundationis et dotationis
officii sacristie in ecclesia collegiata Sancti-Andree Gratianopolis auctoritate apostolica erecti et instituti cum
certis ordinationibus et statutis in venerabili capitulo
dicte ecclesie super hoc factis.)* Tels sont les propres termes de la bulle que nous avons sous les yeux. D'après
cette citation, il est permis de dire que Jean-Guy Basset
s'est plu à amplifier ces expressions, ou tout au moins
qu'il les a citées de mémoire, sans avoir lu fidèlement la
bulle, lorsqu'il rapporte dans son recueil de plaidoyers et
d'arrêts, et comme le rapporte aussi, d'après lui, Gras Duvillard, que le pape qualifie dans cette même bulle l'église
de St-André de chapelle delphinale solennelle et fameuse
(solennis et famosa) entre les autres églises. *(Inscriptions mises dans le cloître de l'insigne église collégiale
et chapelle royale Saint-André de Grenoble, au-dessous
des portraits de quelques-uns d'entre les plus illustres
des anciens prévôts et chanoines de cette église, par
le chanoine Gras-Duvillard ; petit in-4° de 32 pages.*
Jean-Guy Basset a eu un fils, Augustin Basset, chanoine sacristain de Saint-André, mentionné dans une
enquête faite en 1653, à la requête du chapitre, par
un conseiller au parlement, pour constater l'enlèvement
de deux ou trois feuillets détachés d'un cahier où étaient
inscrits les devoirs et les charges de l'ancien office de la
sacristie, et qu'on présumait avoir été déchirés à dessein
afin de faire abolir cette sacristie.

chargé du soin et de la garde spéciale de l'église et des objets précités.

Les fonctions et les devoirs de ce sacristain sont désignés dans une délibération capitulaire du 13 octobre 1468. Le sacristain devait être chanoine ; il était chargé de faire ouvrir et fermer les portes de l'église, de veiller au bon état de sa toiture et de celle de la sacristie et du cloître, au soin du clocher et des cloches, à la garde des ornements (1) et des livres, à la provision de la circ, de l'encens, du vin pour les messes, et du charbon et de la paille, pendant l'hiver (2).

Les personnes que le sacristain employait au service de l'église devaient être auparavant agréées par le chapitre.

Cet office de sacristain de l'église de Saint-André, auquel étaient affectés des revenus et des émoluments particuliers pour faire face aux dépenses qu'il nécessitait, a été supprimé par une délibération du chapitre du 14 mai 1571 et a été réuni à la mense capitulaire. Depuis lors, le sacristain ne fut plus chargé que d'une simple surveillance, sans être tenu, comme auparavant, de pourvoir aux dépenses nécessaires de la sacristie faites par le chapitre.

---

(1) Il y avait dans chaque chapelle une arche, ou armoire, où étaient déposés les ornements de cette chapelle, soigneusement pliés dans une peau de mouton. *(Item, tenebitur in qualibet capellâ sive archa vel armorio illius capelle ponere honeste plicata in una pelle mutonis disposita.)*

(2) C'était l'usage d'avoir dans la sacristie du feu pour se chauffer et d'étendre de la paille dans l'église. *(Et de carbonibus tempore yemati et frigido cum patella necessaria pro califaciendo ut est solitum..... Item, de paleis necessariis tempore yemati in ecclesia sternendis similiter providere teneatur.)*

Maisons des Chanoines.

Le chapitre avait autour de l'église plusieurs
maisons. Presque toutes celles qui forment la
petite rue dite *Derrière Saint-André*, la façade
principale de la place Neuve et une partie de la
rue Saint-André (1) lui appartenaient ; il avait
aussi une maison attenant au cloître et qu'il vendit. avec une *place* ou petit jardin en dépendant,
au duc de Lesdiguières le 6 décembre 1629, au
prix de 4,800 livres et une rente annuelle de
300 livres (2).

La prévôté ou maison du prévôt et son jardin
occupaient la place Neuve actuelle ; ils avaient
été achetés le 12 novembre 1267 par le dauphin
Guigues VII, fils de Guigues-André, de Guillaume
Chaunais, fils de Reymond, et donnés au chapitre
pour le logement du prévôt. L'acte d'acquisition
désigne ainsi ce bâtiment : *Une maison et tour
avec un pré derrière, situés à Grenoble, der-*

(1) Cette rue, qui communiquait de la rue Porte-Traîne,
ou Grand'Rue, à la place de Saint-André, est nommée
pour cette raison, dans des anciens titres, rue des Chanoines, *rua Canonicorum*.

(2) Cette maison, réunie à l'hôtel de ville, est le bâtiment adjacent à l'un des angles de la façade primitive
de l'église, où sont au rez de chaussée les bureaux de la
police, et dont les étages supérieurs sont occupés par une
partie de la préfecture ; on arrive à ces étages par une
rampe d'escalier placée contre cette même façade et qui
la masque complétement.

rière l'église de Saint-André (1). Ce bâtiment et ce jardin de la prévôté furent adjugés par le directoire du district de Grenoble à la ville, le 16 avril 1791, au prix de 21,640 livres, sous la condition de faire établir sur leur emplacement une nouvelle rue, depuis la petite porte du jardin public, qui touchait la maison commune, jusqu'à la partie de la rue Saint-André qui était entre la Grand'Rue et le portail de la prévôté (2). Le bâtiment et la tour furent démolis, et, au lieu d'une rue, on créa une place qui reçut le nom de *Place neuve du département ;* elle est aujourd'hui simplement nommée place Neuve.

Les maisons des chanoines, louées en 1699, rendaient à cette époque au chapitre 733 lives 10 sous. Moins d'un siècle après, en 1788, les mêmes chanoines possédaient dans la rue de Saint-André douze maisons qu'ils louaient, et dont le revenu figure dans les comptes du chapitre de cette année pour une somme de 4,495 livres ; elles furent vendues nationalement trois ans après pour le prix de 74,390 livres.

---

(1) (Archives de l'ancienne chambre des comptes du dauphiné). Plus tard, Humbert II donna, le 22 janvier 1345, au même chapitre, pour la demeure d'Humbert Pilat, chantre, et de celle de ses successeurs, une maison, plaçage et verger, situés dans la rue Derrière Saint-André, vulgairement appelée la rue des Chanoines. Cette maison, nommée dans la suite *la Manicanterie,* porte encore aujourd'hui ce nom.

(2) Archives départementales de l'Isère.

Revenus et Dépenses du Chapitre

EN 1778.

Les recettes et les dépenses du chapitre de
Saint-André, qui étaient en 1699, savoir : les recettes de 7,900 livres et les dépenses de 7,100
livres, s'élevaient quatre-vingt-neuf ans après,
en 1788, à un chiffre de plus du double de celui
de ces mêmes sommes. Ces recettes et ces dépenses sont ainsi indiquées dans le registre des comptes du chapitre à cette dernière époque :

Recettes ordinaires.

	livres.	sous.	den.
Revenus delphinaux	2,095	18	9
Terriers.	3,398	»	»
Rentes foncières	809	4	»
Rentes constituées	2,795	7	»
Loyers	4,495	»	»
Fonds et vignes.	1,525	»	»
Lods et droits seigneuriaux.	287	»	»
Fondation de M. Moret de Bourchenu, ancien prévôt de Saint-André (5)	500	»	»
Recettes diverses	391	12	»
Total.	16,297	1	9

(1) Flodoard-Ennemond Moret de Bourchenu, ancien
prévôt de Saint-André et évêque de Vence, a fait par
son testament du 24 février 1714, en faveur du chapitre
de cette église, une fondation annuelle de 500 livres au
capital de 12,000 livres.

Dépenses ordinaires.

Pensions, prébendes et distributions ordinaires du chœur au prévôt et aux chanoines . .	5,913	16	»
Distributions au chapelains.	1,555	10	»
Distributions aux grands et aux petits clercs.	457	10	3
Distribution fondée par M. Moret de Bourchenu, ancien prévôt.	493	13	3
Distribution particulière aux chanoines, aux chapelains et au bas-chœur.	328	17	»
Dépenses pour la sacristie. .	1,618	10	»
Appointements des employés	614	»	»
Salaires et gages des servants	249	»	»
Gratifications	105	»	»
Pensions dues par le chapitre	1,906	»	»
Frais de recouvrement, services de messes, œuvres pies, décimes et autres impositions. .	670	18	5
Autres dépenses	763	14	»
Total.	14,676	8	9

Salle capitulaire.

La sacristie de l'église, appelée aussi le vestiaire (*vestiarium*), a longtemps servi, ainsi que nous l'avons dit plus haut, de salle capitulaire. Un registre des délibérations du chapitre de **1317**, le plus ancien que nous ayons trouvé, donne déjà cette destination à la sacristie. Il constate que les chanoines s'y réunissaient au son de la cloche, comme c'était l'usage, pour délibérer.

Au nom de Notre-Seigneur Jésus Christ, amen; l'an de la Nativité du Seigneur mil trois cent dix-sept, le lundi un mois après Pâques, qui est le second jour du mois de mai, et jour auquel on est accoutumé, dans la vénérable église de Saint-André, de célébrer un chapitre général, ont comparu dans le vestiaire de ladite église, suivant la coutume, au son de la cloche, pour y célébrer un chapitre, vénérables hommes, seigneurs Jean Alleman, prévôt, Henri d'Avalon, Hugues Vieux, chantre, Marquis de Clays, Pierre Tardivel, et ont statué et ordonné ce qui suit, etc., etc. (1) etc., etc. :

On tenait habituellement, chaque année, deux chapitres généraux, un le lundi un mois après Pâques, et l'autre le lendemain de la fête de St-André *(in crastinum festi Passionis beati Andree).* Dans la suite, outre ces deux réunions générales, on prit l'habitude d'avoir d'autres chapitres particuliers pour toutes les affaires urgentes, et qui se tenaient également dans la sacristie. La coutume de se réunir dans ce local existait encore au commencement du XVIIIᵉ siècle : ce n'est qu'en 1738 que les chanoines eurent pour leurs délibérations, soit générales, soit particulières, une salle spéciale dite la salle du chapitre, qui était à droite en entrant dans le cloître, contre le mur de l'église.

(1) *In nomine Domini, etc., etc., die lune post mensem Pasche que fuit dies secunda mensis maii, et qua die consuetum est in ecclesia venerabili Sancti Andree Gratianopolis capitulum generale celebrare comparuerunt in vestiario ipsius ecclesie ut moris est ad sonum campane causa celebrandi capitulum ibidem,* etc., etc. (Registre des délibérations capitulaires, année 1317)

Prévôts du Chapitre de Saint-André

Hugues, premier prévôt de St-André, en 1226;
Le dauphin Guigues-André le désigna dans son
testament, daté du 4 mars 1236, pour être l'un de
ses exécuteurs testamentaires, avec l'évêque de
Grenoble et l'abbé de Chalais, près de Voreppe; il
le chargea en même temps, et conjointement avec
Aubert Auruce, maréchal du Dauphiné, et Tho-
mas, son notaire, du soin de choisir un tuteur ou
des tuteurs au jeune dauphin Guigues, son fils,
s'il arrivait que la dauphine vînt à décéder ou à
se démettre de la tutelle pour une cause quelcon-
que (1).

---

(1) *Testamentum Guigonis -Andree Dalphini Viennensis, de anno* 1236.
L'abbé Gras-Duvillard, chanoine de l'église collégiale
de Saint-André, prétend, dans son opuscule déjà cité :
*Inscriptions mises au-dessous des portraits de quelques-
uns d'entre les plus illustres des anciens prévôts et chanoines de cette église,* que cet Hugues, premier prévôt,
qu'il qualifie d'Hugues de la Tour, est mort évêque de
Clermont en Auvergne en 1270; qu'il était frère d'Humbert Ier, et qu'il existe de lui un éloge dans une lettre
du pape Honorius IV à Philippe le Bel. Ce sont là tout
autant d'erreurs. Rien ne saurait indiquer que cet Hugues, premier prévôt de Saint-André, ait appartenu à la
famille des dauphins de la troisième race. Hugues
était encore prévôt en 1236, comme le prouve assez le
testament de Guigues-André, daté de cette année ; tandis
qu'Hugues de la Tour, évêque de Clermont, oncle et non
point frère du dauphin Humbert, fut nommé à l'évêché
de cette ville en 1227 et mourut, non point en 1270, mais

Guillaume vivait en 1265 et 1268 ;

Il contracta au nom de ses chanoines, par un accord du mois d'avril de cette dernière année, une société de prières et d'œuvres méritoires avec le couvent des frères mineurs de Grenoble. Les religieux de ce couvent, pour donner un témoignage de la satisfaction que leur procurait cette communauté spirituelle, s'obligèrent d'assister aux obsèques des chanoines de Saint-André : de se rendre, à cet effet, à leur église procession-nellement et en corps ; de réciter, le jour de leur mort, l'office de neuf leçons et de dire , le lende-main, une messe haute dans leur couvent ; ils s'obligèrent, de plus, d'aller en procession à Saint-André le jour de la fête patronale de cette église, d'y assister à la grand'messe et de s'em-ployer avec zèle aux besoins et aux affaires du chapitre toutes les fois qu'on jugerait convenable de l'exiger d'eux (1).

Le prévôt Guillaume fit son testament la même année 1268 ; il voulut être enterré dans la cha-pelle de Sainte-Madeleine, et légua à son chapitre

---

en 1249, c'est-à-dire 36 ans avant l'érection d'Honorius à la papauté. D'un autre côté, l'éloge dont il est question dans cette lettre d'Honorius, datée de la seconde année de son pontificat, concerne Hugues, chanoine de l'église de Clermont, et non point l'évêque Hugues, son oncle, décédé 37 ans auparavant. Ce chanoine y est loué du choix qu'il avait fait du successeur de son frère Guy, évêque de cette ville, décédé en 1286.

(1) Le chanoine Gras-Duvillard s'est trompé en plaçant cette communauté de grâces spirituelles, contractée entre les chanoines de Saint-André et les frères mineurs de Grenoble, sous le prévôt Laurent Eynard, au commen-cement du XIVᵉ siècle. L'acte où il en est question est daté de 1268, et le prévôt qui y est rappelé a le nom de Guillaume.

une rente annuelle de six livres treize sols à prendre sur ses biens à Montbonnot, à Tencin et à Crolles.

André d'Albon ;

Il fonda, en 1270, une chapelle dans l'église de Notre-Dame de Grenoble.

Guillaume Vieux (*Veteris*) ;

Ce prévôt est mentionné dans un acte daté du samedi après l'octave de Pâques 1270 (1). Il fut présent, le samedi après la fête de saint Michel 1280, au serment que prêtèrent, dans le cloître de son église, Guillaume, évêque de Grenoble ; la dauphine Anne et le prince Humbert, de maintenir, protéger, garantir, défendre et conserver inviolablement les libertés, franchises et statuts des habitants de cette ville. Il assista, le 21 janvier 1291, à une transaction passée entre le chapitre de Saint-André et l'évêque de Grenoble, au sujet de leur juridiction commune sur la paroisse de Saint-Martin le Vinoux (2).

---

(1) Par cet acte, Guigues Czuppe, fils et exécuteur testamentaire de C. Czuppe, donne au chapitre de Saint-André, à la stipulation de Guillaume Vieux, son prévôt, une pension annuelle de cinq livres, qu'il impose sur deux maisons qu'il possédait à Grenoble, situées l'une dans la rue Porte-Traîne, aujourd'hui Grand'Rue, et l'autre dans la rue Flandine, aujourd'hui rue du Chapelet.

Reymond Vieux, de la même famille que le prévôt, vendit, par un acte du 2 septembre 1325, au même chapitre, une maison derrière Saint-André pour le prix de trente livres.

(2) *Pacta et conventiones inter Guillelmum episcopum Gratianop. et capitulum Sancti-Andree super juridictione communi in mandamento Sancti Martini.* (Ancien tabulaire de l'église de Grenoble.)

Guillaume de Clays (*de Clays* et *de Claysio*);

Il est cité, avec Guillaume Breysoud (1), Hugues de Porte-Traîne et d'autres, comme témoin dans un acte du 16 octobre 1293, par lequel Chabert de Clérieu reconnaît tenir de Guillaume, évêque de Grenoble, la *véhérie* de la porte Pertuisière de cette ville, dite la *véhérie* de Clérieu, ainsi qu'une tour et une maison y attenant, situés près de cette porte (2).

Guillaume Vieux;

Il fut l'un des membres du conseil que le dauphin Humbert Ier institua auprès de sa personne, et, en cette qualité, il intervint, le 5 mai 1300, dans un acte d'échange passé par Guigues Alleman, seigneur de Valbonnais, avec Jean, son frère, chanoine de Vienne (3).

---

(1) Guillaume Breysoud (*Bressoldi*) était déjà chanoine de Saint-André en 1263; il est qualifié de sacristain de cette église dans un acte de 1271, par lequel il donne au chapitre vingt sols de pension annuelle imposée sur deux chambres dans la petite rue de l'église.

A la même époque, Bernard de Quetz était trésorier du chapitre, qu'il institua pour son héritier par son testament, daté du jeudi après l'octave de Pâques 1265, et lui donna tout ce qu'il avait acquis à Jarrie.

(2) *Hommagium Chaberti de Cleriaco episcopo Gratianop. pro vicaria ejusdem civitatis dicta de Cleriaco.* (Même tabulaire.)

(3) Les membres du conseil du dauphin désignés dans cet acte, et au nombre de neuf, sont nommés dans cet ordre : Alleman Dupuy, chevalier; Jean de Goncelin, juge majeur; Guillaume Vieux, prévôt de Saint-André; Jacques de Commiers; Falques, prieur de Saint-Laurent de Grenoble; Eymard et Hugues de Commiers, chevaliers: Henri d'Avalon et Guillaume Grinde.

Pierre Bérenger du Gua (*de Vado*) (**1**);

Ce prévôt et les chanoines de Saint-André conclurent, le 1ᵉʳ décembre 1308, avec le doyen et les chanoines de la cathédrale de Grenoble, un traité d'union entre les deux églises, et dont nous avons parlé plus haut.

Jean Alleman;

Ce prévôt, de la famille des Alleman, qui a donné deux évêques à Grenoble, mourut le 14 août 1319. Par son testament, daté du 30 mars de cette année, il légua au chapitre, pour la fondation de deux anniversaires, vingt livres de pension annuelle à prendre sur une maison et une vigne qu'il avait à Saint-Martin le Vinoux, et deux setiers de froment perçus à Champagnier. Ses exécuteurs testamentaires, ou de dernière volonté, furent : Guillaume Alleman, prieur de la Mure ; Jean Alleman, prieur de Connèxe ; Berton Alleman, sacristain de la cathédrale de Grenoble, ses parents, et frère Marc de Faverges (*de Fabriciis*), de l'ordre des frères prêcheurs.

Hugues Vieux (*Veteris*);

Il ne survécut à Jean Alleman, son prédécesseur, que quatre ans ; il mourut en 1323.

Marquis de Clays (*Marchesius de Claysio* et *de Clasio*);

---

(1) De la famille des Bérenger. Un autre membre de cette même famille, Reymond de Bérenger, a été aussi prévôt de Saint-André en 1335. Un siècle après, Jean de Bérenger donna par son testament du 23 septembre 1450, au chapitre de cette église, deux florins de pension pour un anniversaire et 140 florins pour une messe le jeudi de chaque semaine.

Il fut présent, le 3 juillet 1331, au traité que le
dauphin Guigues VIII fit dans l'église de Saint-
André de Grenoble avec l'archevêque d'Embrun,
touchant leur juridiction, et à l'hommage que ce
prince rendit au prélat le même jour, dans la
même église, reconnaissant tenir en fief de l'église
d'Embrun le comté de cette ville et tout ce qu'il
possédait à Embrun, à Chorges et dans le diocèse
de cette ville, depuis le Pertuis-Rostaing jusqu'aux
limites, et spécialement le palais situé hors des
murs d'Embrun, du côté de l'orient (1). Marquis de Clays mourut le 3 novembre 1335.

Reymond Bérenger de Morges;

Il exerça les fonctions de prévôt pendant 18
ans; il donna, par son testament du 18 janvier
1363, au chapitre, pour la fondation d'une messe
chaque semaine, tous les biens qu'il possédait dans
les diocèses de Grenoble et de Gap.

Humbert Pilat, protonotaire, auditeur des
comptes et chanoine de Nevers;

Ce prévôt, l'un des hommes les plus distingués
de son temps, et qui mérita la confiance du dauphin Humbert II, dont il fut le conseiller intime
et le ministre, décéda le 12 janvier 1373. Il légua
par son testament, à l'église de Saint-André, un
gobelet d'or (2)

(1) *Confirmatio prioris tractatus cum prestatione
homagii per Guigonem dalphinum Bertrando de Deu-
cio, archiepiscopo Ebredunensi.* (Ancien tabulaire de
l'église d'Embrun.)

(10) Archives de l'ancienne chambre des comptes du
Dauphiné.

Jean des Oches (*de Ouschiis*);

Il est cité comme successeur d'Humbert Pilat
et prédécesseur de Pierre de Magnier, dans une
note inscrite à la fin d'un registre des délibérations
capitulaires du chapitre de Saint-André du XIVe
siècle, et où sont rappelés les noms de quatorze
prévôts, depuis et compris Jean Alleman jusqu'à
Urbain de Myolan, nommé dans cette note Urbain
de Molène (1).

Pierre de Magnier, secrétaire et écrivain du
Saint-Siège apostolique ;

Le nouveau prévôt eut à soutenir en 1401 un
procès avec l'évêque de Grenoble au sujet du serment d'obéissance et de fidélité que ce prélat
voulait exiger de lui, et qu'il refusa de prêter,
sous prétexte qu'en sa qualité de secrétaire du
Saint-Siège il était soumis immédiatement à la
cour de Rome, et que, d'un autre côté, le chapitre de Saint-André n'était point tenu à ce serment
en vertu de ses priviléges (2). Il prescrivit, en

---

(1) Cette note est une simple nomenclature de quatorze
noms, sous ce titre : *Subscripti domini fuerunt in
ecclesia collegiata delphinali beati Andree Gratianopolis prepositi per spatium vite sue.*
Cette liste est au surplus le seul document que nous
ayons trouvé, concernant les prévôts de Saint-André.
Onze noms sont écrits de la même main et d'une écriture de la première moitié du XVe siècle ; les trois derniers noms sont d'une écriture d'une époque postérieure.

(2) Cette difficulté, portée d'abord devant l'officialité de
Grenoble, fut tranchée en faveur du prévôt et du chapitre par des lettres-patentes du dauphin Louis, fils du
roi Charles VI, du 28 juin 1411. (Archives de l'évêché
de Grenoble ; archives du chapitre de Saint-André.)

1409, la tenue d'un registre obituaire ou calendrier, pour y inscrire les anniversaires fondés dans son église ; il donna, l'année suivante, par un acte du 25 août, au chapitre de Saint-André, quatre florins de pension sur des biens à Champagnier ; ce prévôt vivait encore en 1419.

Pierre-Aymon de Chissay (*de Chissaro*), licencié en lois, élu prévôt en 1421 ;

Il fut nommé l'année suivante à l'évêché de Nice, et en 1427 à celui de Grenoble, ayant permuté avec son oncle Aymon de Chissay, évêque de cette dernière ville.

Jean Dury, licencié en lois , conseiller delphinal ;

Il vendit, le 19 juillet 1429, au chapitre de son église, quarante sols de pension annuelle, imposée sur quarante fosserées de vigne situées à Corenc.

Jacques de Godable (*de Godablá*), licencié et bachelier en décrétales.

Jean de Saint-Germain, licencié en lois, doyen de Gap ;

Il était prévôt de Saint-André en 1438 et 1464 ; il remplissait en même temps les fonctions de procureur général des états du Dauphiné.

Antoine Armuet (1) ;

_____

(1) La famille Armuet, connue plus tard sous le nom d'Armuet-Bonrepos, à cause du château de Bon-Repos, sur la commune de Jarrie, a donné plusieurs chanoines à l'église de Saint-André, pendant les XIVe, XVe et XVIe siècles.

Il signa, comme prévôt, la demande que le chapitre fit en 1467, pour obtenir du pape l'érection d'un office de sacristain ; il prit part, l'année suivante, à la délibération capitulaire où fut approuvé un règlement pour cet office (1).

Jacques Robertet, docteur en décrétales, protonotaire du Saint-Siége apostolique, conseiller clerc au parlement de Grenoble ;

Il vendit, le 8 mars 1477, au chapitre de Saint-André, neuf florins de pension annuelle imposée sur quatre sétérées de vigne situées au mas du Gorget, sur la paroisse de Saint-Ferjus, aujourd'hui la Tronche ; il était encore prévôt en 1496.

Sous ce prévôt, le 30 novembre 1489, jour de la fête de Saint-André, il s'opéra dans l'église de

---

(1) Nous avons dit, plus haut, qu'il était à présumer que le bas-côté existant à Saint-André avait été ajouté à l'église sous l'administration de ce prévôt, et, qu'à cette époque, une nouvelle porte ayant été ouverte sur la place actuelle, on avait dû transférer en cet endroit le portail primitif qui était auparavant au pied de l'église. Cette conjecture est fondée sur le style du bas-côté, qui est de cette époque, et sur le blason placé au-dessus d'un pilier du portail, où sont les armes de la famille Armuet : *d'azur à trois casques d'or.*

Nous devons ajouter ici que ce portail primitif est en pierre de l'Echaillon, et que sur le linteau de la porte on voit une empreinte qui est évidemment celle d'un coup d'arme à feu, souvenir probable de nos guerres de religion.

A côté du premier portail, au pied de l'édifice, était une porte par laquelle on communiquait du cloître à l'église ; cette porte, aujourd'hui murée, existe encore au-dessous de l'escalier de la préfecture ; elle est formée d'un linteau, supporté d'un côté par une tête de lion, et de l'autre, par une tête humaine ; elle est en pierre de l'Echaillon , et présente un tympan à plein cintre , où sont grossièrement sculptés une croix et deux personnages à genoux qui l'encensent.

ce saint, à Grenoble, un miracle, mentionné dans le registre des délibérations de cette année, sans que nous ayons trouvé aucun renseignement à cet égard. On lit seulement dans cette délibération, datée du 4 décembre, qu'il est fait mandat à Jean Oudenoud, exacteur du chapitre, de deux florins dus au chantre à raison de ses services et de son assistance à l'église, lorsque fut chantée une grand'messe pour le miracle arrivé le jour de la fête glorieuse de notre patron le bienheureux André.

Un autre mandat de six gros est délivré, dans la même délibération, à maître Jean Morard, notaire, et Antoine de Crolles, clerc, pour labeur et écritures des informations prises par ledit maître Morard, un chapelain et maître Jean Volon, secrétaire épiscopal de Grenoble, au sujet du même miracle arrivé le jour de la fête du bienheureux André (1).

Urbain de Myolan ;

Il assista, en 1502, à un chapitre général, tenu le jeudi 1er décembre, et où furent sanctionnés de nouveaux statuts concernant le service divin, avec injonction faite aux prêtres, aux clercs et aux petits clercs de l'église de les observer (2),

----

(1) Registre des conclusions capitulaires; année 1489.

(2) Dans un autre chapitre assemblé le 1er décembre 1507, il fut prescrit aux chanoines d'avoir, comme autrefois, à partir de Pâques prochaines et dorénavant, des *aumusses en peaux de vair (aulmucias ustas de pellibus griscorum)*, ainsi que des *vêtements décents et honnêtes*, tant à l'église qu'au dehors, sous peine d'être privés *des distributions des heures où ils assisteraient sans aumusses ou sans vêtements décents et honnêtes.* Il fut également enjoint aux prêtres de la même église d'avoir des aumusses de drap noir, *honnêtes, convenables et décentes, avec des surplis et vête-*

Ce prévôt fut élu évêque de Valence en **1503** et fut confirmé dans cette élection ; mais il eut pour compétiteur Gaspard de Tournon, frère du cardinal de ce nom, qui l'emporta sur lui ; il revint continuer dans son église les fonctions de prévôt, qu'il exerça encore plusieurs années.

De son temps, en 1501, le chapître de Saint-André fit réparer les orgues de cette église, ce qui est consigné en ces termes dans un registre des délibérations de ce chapître :

« L'an mil cinq cent un et le 15 juin, MM. du cha
« pître (domini de capitulo), savoir : MM. Michel
« de Vents, Jean Cornu, Hugues Farcille, Joffroy
« de la Balme et François Reynaud, chanoines de
« cette église, ayant conféré avec MM. les prêtres
« de ce saint couvent, pour la réparation des or-
« gues qui ont grand besoin de réparation, ont
« donné à prix-fait ladite réparation, tant desdites
« orgues que des soufflets, à honorable homme,
« maître Antoine Arnaud, pour rendre sonores,
« réparer et mettre en due forme lesdites orgues
« ainsi que leurs soufflets, c'est-à-dire ceux des

---

ments *décents et des courrois et chaussures convenables*, le tout sous la même peine portée contre les chanoines. On peut induire de cette double prescription faite à cette époque, que la discipline du chapître laissait beaucoup à désirer sous le rapport d'une tenue digne et uniforme.

Un autre article de discipline non moins curieux, inséré, plus d'un siècle et demi auparavant, dans une délibération capitulaire du 1er décembre 1320, contient que personne dorénavant ne pourra être créé chanoine de ladite église s'il n'est âgé de quatorze ans et s'il ne sait lire convenablement. *Item statuerunt quod de retro nemo possit creari canonicus dicte ecclesie nisi quatuordecim annorum constitutus et nisi sciret idonee legere.* (Registre des conclusions capitulaires de Saint-André, année 1320, fol. XIIII, recto.)

« grandes orgues **(1)**, pour le prix de quatre écus
« d'or sans soleil **(2)**, et cela pour toute réparation
« nécessaire et utile aux orgues et aux soufflets.
« J'atteste qu'il a été ainsi convenu entre lesdits
« MM. du chapître et ledit maître. Signé, PERNARD. »

A la suite est inscrite la quittance desdits quatre
écus d'or payés à Antoine Arnaud.

« Ensuite, la même année et le 21 dudit juin,
« les MM. précités du chapître ayant pris le con-
« seil des experts dans l'art des orgues, se tinrent
« satisfaits de ladite réparation desdites orgues,
« faite par ledit maître Antoine Arnaud ; et ledit
« maître Antoine Arnaud a confessé avoir reçu
« desdits MM. du chapître les quatre écus, etc.,
« etc. ; ont ensuite ordonné lesdits MM. du cha-
« pître pour ne point être taxés d'ingratitude, tant
« pour l'assistance de M. Jean, maître des orgues
« de l'église cathédrale de la bienheureuse Ma-
« rie (3), que, aussi pour les collations dudit maître
« et des assistants, et encore soit pour le travail de
« Jean Vasset qui a soufflé pendant le temps que
« ce maître a réparé l'orgue, soit pour toutes autres
« choses, de faire donner quatre florins, etc., etc. »

---

(1) *Dederunt ad pretium factum dictam reparatio-
nem tam dictorum organorum, quam soffletorum hono-
rabili viro magistro Anthonio Arnaudi, ad dicta organa
clarificanda, reparanda et in debita forma ponenda
necnon soffletos eorumdem, scilicet magnorum organorum.* (Registre des conclusions capitulaires, année
1501.)

(2) En 1497, au mois de décembre, l'écu sans soleil
valait, à Grenoble, 35 sols.

(3) Cette citation prouve que la cathédrale de Grenoble
avait des orgues et qu'un organiste y était attaché.

« Item, les messieurs précités ont payé à maître
« Claude, serrurier (1), pourles ferrements néces-
« saires tant aux soufflets qu'aux dites orgues, sui-
« vant la taxe dudit maître Antoine, savoir : neuf
« gros et demi ; ainsi, lesdits messieurs ont dépensé
« pour la réparation entière desdites orgues seize
« florins neuf gros et demi. Présents ceux que
« dessus et moi. Signé : PERNARD (2). »

Après avoir fait réparer les orgues, le chapitre
de Saint-André songea à un organiste. Le 28 juin
1503, il décida que le *jeune honnête Gaspard
Pillaud, clerc habitué de cette église,* qui savait
déjà quelque chose dans l'art des orgues, mais
qui n'était point encore parfait dans ledit art,
serait envoyé et tenu à Paris pendant deux années
pour y apprendre parfaitement *l'art des orgues
et les gammes,* et il alloua pour cette dépense
une somme de 30 florins, à raison de 15 florins
chaque année. voulant aussi que ce jeune homme,
quoique absent, fût compris dans les distributions
ordinaires du chœur (3).

---

(1) On voit que l'usage de désigner les personnes plutôt par leur qualité et leur profession que par leur nom
propre était encore usité à Grenoble à cette époque. On
en trouve ici deux exemples : Jean, maître d'orgues ;
Claude, serrurier *(domini Johannis magistri organorum ; magistro Claudio sarralliori).*

(2) Registre des conclusions capitulaires de Saint-
André ; année 1501.

(3) *Videntes quod honestus juvenis Gaspardus Pil-
laudi, epiphardus et habitualus in dicta ecclesia, jam
habet aliquid in arte organorum, necdum in dicta arte
perfectus est, cupientes ipsi domini canonici ut pro
laude Dei et decus domus ejus ipse Gaspardus in virum
magis perfectum in dicta arte organorum et aliarum
scientiarum evadat, liberaliter moti........ statuerunt
eidem dari..... videlicet trigenta florenos monete debi-
lis et hoc ut ipse Gaspardus, durantibus duobus annis
proxime futuris, Parisius det operam circa dictam
artem adiscendam scilicet organorum et gamastas,
etc.*

Gaspard Pillaud revint de Paris suffisamment
instruit ; il se fit prêtre et fut attaché à l'église de
Saint-André comme chapelain organiste ; il
mourut le 17 février 1554 (1).

François de St-Marcel d'Avançon, conseiller-
clerc et garde des sceaux du parlement de Grenoble ;

Ce prévôt fut élu doyen du chapitre de la
cathédrale de Grenoble en 1553, et successivement évêque de cette ville en 1561 ; il a conservé
le titre et la qualité de prévôt de St-André jusqu'à
sa mort arrivée le 5 février 1575.

Vital Robelet ;

Il était le plus ancien chanoine de Saint-André
lorsqu'il fut nommé prévôt de cette église, le 6
février 1575, le lendemain du décès de l'évêque
de Grenoble ; il mourut en 1601.

Isaac de Buffières ;

Il assista, le 24 juin 1622, à la cérémonie qui
eut lieu dans son église et où Lesdiguières fit son
abjuration entre les mains de l'archevêque
d'Embrun. L'année suivante, à la tête du clergé
de Grenoble, il harangua le roi Louis XIII, lorsqu'il fit son entrée dans cette ville ; il mourut dans
le mois de mars 1627, après avoir administré
l'église de Saint-André pendant 27 ans (2).

---

(1) *Obituaire de l'église de Saint-André.* Ce prêtre fit
à cette église une donation indiquée dans cet obituaire
sous la date du 17 février *(XIII kal. marcii)*. Le même
registre mentionne sous la date du 7 février *(VII idus)*,
une autre donation faite à Saint-André par Charles
Pillaud, aussi prêtre et chapelain de la même église.
(2) On doit ajouter, comme un souvenir qui se rattache à Saint-André, sous le même prévôt, que Saint-
François de Sales y prêcha le carême en 1618. On a
longtemps conservé avec respect, dans cette église, son
confessionnal.

René du Pilhon, conseiller-clerc au parlement de Grenoble ;

Ce prévôt, magistrat distingué, fut élu le 31 mars 1627 et mourut le 23 avril 1651, après avoir résigné sa prévôté en faveur d'Alexandre du Pilhon son neveu, docteur en droit ; ce dernier n'eut pas l'assentiment du chapitre ; à l'assemblée capitulaire tenue le même jour 23 avril, pour l'élection et la nomination du prévôt, il n'obtint que cinq voix. Il n'avait point l'âge prescrit par les statuts et n'était pas non plus lié aux ordres sacrés. Cinq autres voix se portèrent sur quatre autres candidats. Jean de Simiane, prieur de la Garde, obtint deux voix ; Félicien Boffin, Pierre Hugon, docteur en théologie, tous les deux chanoines de Saint-André, et Flodoard Moret, sieur de Champrond, docteur en droit, eurent une voix chacun.

Alexandre du Pilhon, docteur en droit ;

Il fut reçu reçu prêtre et siégea au chapitre, comme prévôt, depuis le 10 mai 1652 jusqu'au 27 juillet suivant, époque à laquelle il demanda un congé pour se rendre à Paris, à l'effet de poursuivre le procès qu'il avait au grand conseil d'état, à l'occasion de sa prévôté que lui contestaient ses compétiteurs. Il se désista bientôt de ses droits, et, le 8 février 1653, il intervint un arrêt du conseil d'état qui maintint Flodoard Moret dans cette prévôté. Alexandre du Pilhon fut pourvu, la même année, de la charge de conseiller-clerc au parlement de Grenoble, qu'avait laissée son oncle ; il mourut, dans un âge avancé, le 17 septembre 1708.

Flodoard Moret, sieur de Champrond, docteur en droit :

Il fut reçu et prêta serment comme prévôt le 12 avril 1653. Trente-six ans après, en 1689, il résigna sa prévôté entre les mains du pape, en faveur de Flodoard-Ennemond Moret, son neveu.

Flodoard - Ennemond Moret de Bourchenu, official et vicaire général du diocèse de Grenoble, abbé de Notre-Dame de Rigny ;

Il fut reçu par le chapitre le 27 janvier 1690 ; il a été un des prévôts les plus distingués de Saint-André. Appelé à l'évêché de Vence en 1714, il résigna sa prévôté en faveur de Jean-Pierre Bally, son neveu, qui lui succéda. Avant de quitter son église, il légua, par son testament olographe du 24 février 1714, au chapitre de Saint-André, une somme de 12,000 livres, à la charge par son héritier de payer chaque année une rente annuelle de 500 livres, jusqu'à ce que le chapitre eût employé cette somme en une acquisition d'immeubles, soit à Saint-Martin le Vinoux, soit à Champagnier (1). L'évêque Moret de Bourchenu mourut à Paris le 11 janvier 1744, âgé de 81 ans, le même jour où, 54 ans auparavant, il avait été nommé prévôt. Son cœur fut apporté à Grenoble et inhumé, le 15

---

(1) *Archives de Saint-André.* Voici les propres termes de ce testament : *Je donne et lègue au chapitre de Saint-André, mon église, où j'ai l'honneur de servir Dieu depuis l'âge de douze ans, la somme de 12,000 livres, etc. etc.* Le testateur veut que la pension ou rente de cette somme soit affectée à une distribution, tous les jours de l'année à perpétuité, et qu'il fonde pour la grand'messe capitulaire, avec obligation imposée au diacre et au sous-diacre d'ajouter, à voix basse, au memento pour les morts, ces paroles : *Memento præpositi Flodoardi.* Il prescrit aussi au secrétaire du chapitre de faire à haute voix la lecture de son testament aux deux chapitres généraux tenus chaque année, et lui assigne chaque fois, pour ses peines, une somme de 20 sols.

avril de la même année, dans le tombeau des prévôts, qui était dans l'ancienne chapelle de la Sainte-Vierge.

Jean-Pierre Bally, official et vicaire général du diocèse de Grenoble ;

Ce prévôt n'était encore que sous-diacre lors-qu'il succéda à son oncle, en 1714 ; il résigna lui-même sa prévôté à son neveu, Marc-Joseph Bally, en 1755, et mourut huit ans après, le 19 juin 1763. De son temps, le chapitre de Saint–André fit peindre à la fresque, dans le cloître, quinze portraits de quelques prévôts et chanoines les plus distingués, et placer des inscriptions ou éloges au-dessous de ces portraits. Ces inscriptions furent faites par le chanoine Gras-Duvillard ; il ne reste plus, depuis longtemps, aucune trace de ces pein-tures.

Marc-Joseph Bally de Roison, official et vicaire général du diocèse de Grenoble ;

Il prit possession de la prévôté de Saint–André le 1er mars 1755 ; il fut nommé abbé de Bonnevaux dans le mois de novembre 1771, et mourut le 24 janvier 1775, âgé de 45 ans. Le chapitre, par une délibération du 30 du même mois, fonda en sa mémoire, avec une distribution de 12 livres, un service annuel dans la chapelle de la Sainte-Vierge, pour y être célébré le jour de sa mort.

Charles–Constance-César-Loup-Joseph-Mathieu d'Agoult, vicaire général du diocèse de Rouen, archidiacre du Vexin François (1) ;

_____

(1) Né à Grenoble le 16 janvier 1749, fils d'un conseiller au parlement de cette ville. A l'époque de la révolution

Il était à Paris lorsqu'il fut élu aussitôt après la mort de son prédécesseur; la lettre par laquelle il remercie le chapitre de l'avoir choisi pour prévôt est datée de cette capitale, du 7 février 1775, et porte la signature de L. d'Agoult (1). Ce prévôt a presque toujours été absent de son église. Il fut élevé au siége épiscopal de Pamiers en 1787.

Jean-Pierre Gallien de Chabons;

Il succéda à Loup d'Agoult en 1787 et fut le dernier prévôt de Saint-André; il a été nommé trois ans après, en 1790, à l'évêché du Puy supprimé la même année (2).

---

il se rendit en Suisse et passa plus tard en Angleterre; il revint en France où il se démit de son évêché de Pamiers en 1801, depuis lors il vécut sans fonction, il mourut en 1824. Il est auteur de plusieurs opuscules de législation et d'économie politique.

(1) Cette lettre fut remise au chapitre par M. le chanoine Brochier, syndic de Saint-André; nous en donnons ici la teneur :

« Paris, ce 7 février 1775,

« Je suis, messieurs et chers confrères, aussi flatté que « sensible à l'honneur que vous m'avés fait en me « choisissant pour votre prévôt; si vous m'avés donné « la préférence sur des concurrents et des membres de « votre corps qui avaient et plus de mérite et plus de « droit à cette place que moi, j'ose, du moins, vous « assurer qu'il étoit difficile que votre choix tombât sur « quelqu'un qui en cognut plus le prix, en fut plus re-« connaissant et désirât plus vivement mériter et conser-« ver votre amitié; je ferai tous mes efforts pour aller « avant peu vous la demander moi-même, et vous con-« vaincre de la sincérité du plus respectueux attache-« ment avec lequel j'ai l'honneur d'être, messieurs et « chers confrères, votre très-humble et très-obéissant « serviteur. L. D'AGOULT, prévôt. »

(2) Ce prélat, né à Grenoble le 11 mai 1756, a été, sous la restauration, premier aumônier de la duchesse de Berry; il fut appelé, en 1822, au siége d'Amiens, qu'il a occupé jusqu'en 1838, époque de sa mort.

Evêques et Conseillers au Parlement

CHANOINES DE SAINT-ANDRÉ.

On peut voir, par la liste des prévôts que nous venons de citer, combien d'entre eux ont été des hommes recommandables par leurs vertus et leurs talents et par les dignités auxquelles ils furent appelés. Sur trente-deux prévôts, cinq sont parvenus à l'épiscopat ; cinq ont été conseillers, soit au conseil delphinal, soit au parlement, et un a été auditeur à la chambre des comptes à une époque où cette charge était l'une des plus considérables du pays. Dans les rangs des chanoines on compte un plus grand nombre de prélats et de conseillers. Pendant le dernier siècle seulement, les chanoines Jean de la Croix de Chevrières, de la Merlière, Paul de Chaulnes et Jean d'Yse de Saléon ont été évêques de Quebec. d'Apt, de Sarlat et de Rhodez. Les deux derniers évêques passèrent ensuite, l'un du siége de Sarlat à celui de Grenoble (1), et l'autre, du siége de Rhodez à l'archevêché de Vienne (2). Avant eux, déjà le chapitre de Saint-André avait donné un évêque, Théodat d'Estang, à l'église de Saint-Paul-Trois-Châteaux, et deux

---

(1) Paul de Chaulnes fut successivement chanoine de St-André, vicaire-général d'Auch, évêque de Sarlat et ensuite évêque de Grenoble.

(2) Jean d'Yse de Saléon, chanoine de Grenoble, a été, à la fois, vicaire général des diocèses de Grenoble et d'Aix et successivement évêque de Digne, d'Agen, de Rhodez et archevêque de Vienne.

évêques, Guillaume-Arthus de Royn et François Fléard, à l'église de Grenoble (1).

Le cardinal d'Arces, aussi, avait d'abord été chanoine de Saint-André.

Quant aux conseillers du parlement, outre ceux que nous avons indiqués parmi les prévôts, on doit citer les chanoines Claude Canel, Louis de Poligny, Louis-Vincent Ferrier de Montal, François Vidaud de la Tour, Demarc et Dupré qui tous, pendant le dernier siècle, ont été conseillers à cette cour souveraine (2). Ces chanoines furent, pour la plupart, des magistrats distingués ; ils portaient à l'église et aux processions les insignes de leur charge, ayant la robe rouge sous l'aumusse (3).

Eglise paroissiale de Saint-André.

Cette église, fondée par le dauphin Guigues-André et dotée de priviléges par ce prince, ainsi que par les dauphins ses successeurs et par les rois de France successeurs des dauphins de Viennois, portait, avant 1790, le titre d'*Eglise collégiale* (4) *et Chapelle royale*.

---

(1) Ce prélat a été en même temps chanoine de Saint-André et premier président de la chambre des comptes.

(2) Le chanoine Pierre de Galle, official et vicaire général du diocèse de Grenoble, décédé le 7 mai 1712, a été avocat général près du même parlement.

(3) Sous le dauphin Humbert II, Reymond Fallavel, chanoine de Saint-André et auditeur des comptes, a été chancelier de ce prince en 1347.

(4) On appelait ainsi une église où était un chapitre sans siége épiscopal.

Après la suppression de son chapitre, elle ne fut plus, jusqu'en 1793, qu'un oratoire dépendant de la cathédrale et conservé sur la demande qu'en fit l'évêque diocésain. Les plus mauvais jours du dix-huitième siècle approchaient. Pendant la terreur, la même église fut affectée aux séances de la société populaire de Grenoble qui auparavant se réunissait à Sainte-Claire. Cette société tint ses assemblées à Saint-André tout le temps qu'elle subsista encore dans notre ville. L'intérieur de l'église fut alors approprié à cette destination : des gradins en amphithéâtre furent construits devant la chaire à prêcher transformée en tribune ; on plaça aussi, pour la commodité des assistants, de semblables bancs dans le chœur et dans la partie de la nef au-dessous de l'orgue.

La chapelle de Saint-Joseph, fermée du côté de l'église, a été quelque temps un magasin de vin, où l'on entrait par une porte donnant sur la place Saint-André et pratiquée dans une grande fenêtre, aujourd'hui murée.

Rendue au culte en 1802, l'église de Saint-André devint, sous le titre de succursale, une paroisse de la ville, comprise dans le canton nord-ouest de Grenoble et qui fut formée du démembrement des anciennes paroisses de Notre-Dame, de Saint-Laurent et de Saint-Louis (2). Cette succursale a été érigée en cure de deuxième classe par une ordonnance du roi, en date du 18 mars 1827.

La paroisse de Saint-André renferme une population de 5,280 habitants.

On doit ajouter, pour compléter les détails

---

(2) En 1692, l'église de Saint-André avait déjà servi quelque temps de paroisse pour Saint-Louis, pendant qu'on bâtissait cette dernière église.

donnés sur cette église, qu'elle vient d'être classée parmi les monuments historiques, titre qu'elle mérite par sa fondation delphinale et par ses nombreux souvenirs.

———⊷⊶⊷———

Les tombeaux des dauphins Guigues-André, Jean II, Guigues VIII et Humbert II et du prince Hugues-Dauphin, enterrés dans l'église de Saint-André, étaient dans le chœur, près du maître-autel, au côté gauche. Nous avons tiré ces indications du document qui suit, daté de 1516, époque où ces tombeaux existaient encore :

« Avril, IV des Ides (10 avril). Ce jour d'avril
« 1516 a été inhumé dans cette église magnifique
« seigneur Joffray Carles, chevalier en lois et
« en armes, président delphinal, qui est décédé le
« jour d'hier, 9 avril ; il a fondé un anniversaire
« solennel pour lequel il a légué 80 livres tour-
« nois, suivant son testament, reçu par Me Pierre
« Morel, notaire et secrétaire delphinal ; lesdites
« livres assises par ses héritiers sur leur maison
« située dans la rue Sainte-Claire, joignant la
« maison des héritiers de Me Guillaume Bachod,
« suivant un instrument reçu par Me François Se-
« cond ; et il a été inhumé devant la tombe des
« seigneurs dauphins, près du grand-autel, du côté
« gauche, sous une pierre qu'il a fait faire. Que
« son âme et celle de tous les fidèles reposent en
« paix, Amen (1). »

_____

(1) *Aprilis, IV idus. Hac die, etc., etc., et fuit inhumatus ante tumulum dominorum dalphinorum, contra magnum altare a parte sinistra, sub lapide fieri ordinato...* (Obituaire de l'église de Saint-André, sous la date du 10 avril.)

On a vu que ces tombeaux des dauphins ont été détruits en 1562. Plus tard, le roi Henri III, par des lettres datées de Paris du 26 février 1583, fit don au chapitre de Saint-André d'une somme de 400 écus pour la réparation de ces tombeaux (1); mais il ne paraît pas que ces lettres aient eu un effet.

———————

Etat de l'argenterie trouvée dans l'église de Saint-André, et dont l'envoi a été fait à la monnaie de Lyon, le 10 février 1793, avec l'indication du poids des objets en marcs, onces et gros (2).

Une croix processionnelle avec le bois des croisons et les tuyaux de son manche dépouillés des bois	14 m.	3 o.	» g.
Un ostensoir doré	15	6	»
Un bénitier et son goupillon	6	»	»
Deux chandeliers d'acolytes pesant, avec le fer et le mastic qui sont dans le pied	17	4	»
Deux bassins, quatre burettes et deux clefs de tabernacle	11	4	»
Un petit ciboire et un bassin ovale	3	6	7
Un encensoir, sa navette et sa cuiller	5	5	2
Trois calices et trois patènes à coupe dorée	10	3	»
	84	1	9

———————

(1) Archives de l'ancienne chambre des comptes.
(2) Archives de la préfecture.

La flêche du clocher de Saint–André a 26 mètres d'élévation; elle avait, dit-on, 4 mètres de plus
avant 1793. Cette année on la diminua lorsqu'un
ferblantier hardi, nommé Bonnard, monta pour
remplacer la croix qu'il y avait auparavant par un
bonnet de liberté. Le même ferblantier remplaça
plus tard ce bonnet par une nouvelle croix surmontée d'un coq en forme de girouette. La croix
actuelle qui surmonte un globe y a été placée en
1841, année où l'on répara le clocher.

Le cadran en pierre de l'Echaillon, de l'horloge
de Saint-André, a été posé le 10 novembre
1851 (1). Nous avons dit que cette horloge, pour
laquelle il y a eu jusqu'à ce jour un cadran en
bois, qui ne marquait pas les heures, datait du
siècle dernier : elle fut construite en 1775 par
François Dalban, serrurier à Grenoble, d'après
une délibération du chapitre, du 1er décembre 1773.
Les conventions passées entre les chanoines et le
sieur Dalban, sous la date du 15 septembre de
l'année suivante, contiennent que l'horloge, dont
le prix est fixé à 1,200 livres (2), ira trente heures,
qu'elle sonnera régulièrement les heures, les
demies et les quarts sur les première, troisième
et quatrième cloches, sans qu'elles soient déplacées
et sans que les marteaux, détentes ou renvois,
puissent porter le moindre obstacle aux sonneries

(1) Sur ce cadran est le nom de M. Chavin, horloger de
Grenoble, qui a posé le mouvement des aiguilles.

(2) Outre le prix stipulé de 1,200 livres, on donna au
serrurier la vieille horloge avec tous ses accessoires.

ordinaires. Une détente intérieure, régulière, devait indiquer les demi-quarts sans sonnerie. Le sieur Dalban s'obligeait aussi d'entretenir de son mieux l'ancienne horloge, jusqu'à ce que la sienne fût achevée et placée. Trois experts convenus, les sieurs Fanuel, Pellard et Molard, horlogers de Grenoble, étaient chargés d'examiner et de vérifier la nouvelle horloge.

Curés de la paroisse de Saint-André.

1802. Bruno Royer, ancien prêtre de Saint-Sulpice, démissionnaire en 1804 (1).

1804. Joseph-André Toscan, ancien chanoine de la cathédrale ; ensuite nommé à la cure de Saint-Louis de Grenoble.

1809. Léonard Borel, ancien vicaire de Saint-André.

1819. Noël-Joseph Giraud, ancien vicaire de Saint-André, décédé le 21 mars 1834.

1834. M. Joseph-Henri de Lemps (2), curé actuel.

---

(1) Il retourna à Paris, où il est décédé directeur du séminaire de Saint-Sulpice.

(2) Un chanoine et sacristain de Saint-André, de ce nom, Georges de Lemps, décédé en 1481, est mentionné dans l'obituaire de cette église, sous la date du 7 juillet, comme fondateur d'un anniversaire avec messe solennelle.

En finissant cette notice de Saint-André, nous avions le dessein d'ajouter aux détails et aux renseignements que nous avons donnés sur les restes de Bayard, d'autres documents qui corroborent l'opinion que nous avons émise ; mais l'abondance des matières nous oblige à en faire une notice particulière que nous publierons incessamment.

TABLE DES MATIÈRES.

www.ingramcontent.com/pod-product-compliance
Lightning Source LLC
Chambersburg PA
CBHW052125090426
42741CB00009B/1951